U0639526

國家社科基金重大委托項目“《子海》整理與研究”成果

山東省社科規劃重大委托項目成果

子海精華編

主編　王承略　聶濟冬

問學録
三魚堂賸言

[清] 陸隴其　撰　秦躍宇　點校

山東人民出版社·濟南
國家一級出版社　全國百佳圖書出版單位

圖書在版編目（CIP）數據

問學録　三魚堂賸言／（清）陸隴其撰；秦躍宇點校．－－濟南：山東人民出版社，2018.9
（子海精華編／王承略，聶濟冬主編）
ISBN 978－7－209－11535－3

Ⅰ．①問… Ⅱ．①陸… ②秦… Ⅲ．①哲學—中國—清代 Ⅳ．①B244.75 ②B249.9

中國版本圖書館 CIP 數據核字（2018）第 180028 號

責任編輯：李　濤
封面設計：武　斌

問學録　三魚堂賸言
WENXUE LU　SANYUTANG SHENGYAN
［清］陸隴其 撰　秦躍宇 點校

主管部門　山東出版傳媒股份有限公司
出版發行　山東人民出版社
出 版 人　胡長青
社　　址　濟南市英雄山路 165 號
郵　　編　250002
電　　話　總編室（0531）82098914
　　　　　市場部（0531）82098027
網　　址　http：//www.sd－book.com.cn
印　　裝　山東臨沂新華印刷物流集團有限責任公司
經　　銷　新華書店

規　　格　32 開（148mm×210mm）
印　　張　6.75
字　　數　100 千字
版　　次　2018 年 9 月第 1 版
印　　次　2018 年 9 月第 1 次
ISBN 978－7－209－11535－3
定　　價　46.00 圓
　　　　　如有印裝質量問題，請與出版社總編室聯繫調換。

國家社科基金重大委托項目"《子海》整理與研究"成果之一

《子海精華編》

工作委員會

主　　任：樊麗明　王清憲

副 主 任：李建軍　胡金焱　劉致福　張志華

委　　員（按姓氏筆畫排列）：

王　飛　王　偉　王君松　王學典　方　輝　巴金文

邢占軍　杜　福　李平生　李劍峰　吳　臻　胡長青

孫鳳收　陳宏偉　劉丕平　劉洪渭

編纂委員會

學術顧問：安平秋　周勛初　葉國良　林慶彰　池田知久

總 編 纂：鄭傑文（首席專家）　王培源

副總編纂：王承略　劉心明

委　　員（按姓氏筆畫排列）：

王　瑋　王　震　王小婷　王國良　李　梅　李士彪

李玉清　何　永　宋開玉　苗　菁　郝潤華　姜　濤

馬慶洲　秦躍宇　高海安　陳元峰　黃懷信　張　兵

張曉生　單承彬　蔡先金　漆永祥　鄧駿捷　劉　晨

聶濟冬　蘭　翠　竇秀豔

審稿專家：周立昇　鄭慶篤　王洲明　吳慶峰　林開甲　張崇琛
　　　　　徐有富　鄭傑文　唐子恒　晁岳佩
執行主編：王承略　聶濟冬
執行編纂（按姓氏筆畫排列）：
　　　　　王成厚　王　娜　尹思琦　曲娟娟　李　兵　宋恩來
　　　　　苗　露　柏　雲　柳湘瑜　張雨霏　賈　兵　蘇運蕾
編　　務：張　櫻　劉　端　孫紅苑　沈　虎
本書審稿專家：唐子恒

《子海精華編》出版説明

　　"子海",即"子書淵海"的簡稱。"《子海》整理與研究"課題係國家社科基金重大委托項目、山東省社科規劃重大委托項目。該課題分《珍本編》《精華編》《研究編》《翻譯編》四個版塊,力圖把子部珍稀文獻、精華文獻進行深層次的整理、研究和譯介,挖掘子部文獻的價值,促進子學研究的發展。

　　山東大學向來以文史見長。古籍整理與子學研究,是其中的傳統研究方向。"《子海》整理與研究",是在山東大學前輩學者高亨先生積三十年之力陸續做成的《先秦諸子研究文獻目録》的基础上,由已故著名古籍整理與研究專家董治安先生參與策劃、設計的大型綜合研究課題。課題立項後,得到了宣传部、教育部、財政部、山東省政府和山東大學的大力支持,學界同仁踴躍參與。《精華編》的整理研究團隊近兩百人,來自海内外四十八所高校和研究機構。在組織管理上,《精華編》努力探索傳統文化研究協同創新的新體制、新機制,現已呈現出活力和實效。

　　華夏文明是由多元文化構築而成的。中國古代子部典籍,以歷代士人個性化作品的形式,系統性地展示了華夏民族的世界觀和方法論,立體性地反映了中華民族對世界文明發展的貢獻。其中,無論是宏篇大論,還是叢殘小語,都激蕩着歷史的聲音,閃爍着智慧的光芒,構成中國古代思想、藝術、科技和生活方式的主體内容。《精華編》通過對子部最优秀的典籍的整理,一方面擷英取粹,爲華夏文明的傳播提供可靠的資源和文本;另一方面以古鑒今,爲當下社會的發展提供智力支持和精神支撑。並希望進而梳理中華傳統文化的多元結構,繼承中華優秀傳統文化的一貫文脈。

根據漢代以後子學發展和子部典籍的實際情況,參照官私目録的分類與著録,《精華編》選取先秦諸子、儒學、兵家、法家、農家、醫家、曆算、術數、藝術、雜家、小説家、譜録、釋道、類書等十四個類目的要籍幾百種,編爲目録,作爲整理的依據,而在成果展現上則不出現具體的類目。爲統一體例,便於工作,《精華編》編有詳細的《整理細則》,并有簡明的《整理要則》,供整理者遵循使用。

《精華編》整理原則是,對每種子書的整理,突出學術性、資料性和創新性,力求吸納已有的整理成果,推出更具參考價值、更方便閱讀的整理文本。所采用的整理方式,大體有三種:一、部頭較大且前人未曾整理者,采用標點、校勘的方式整理;二、前人曾經標點、校勘者,或采用抽換更好或别具學術特色底本的方式整理,或采用集校、集注的方式整理,或采用校箋、疏證的方式整理,或綜合使用以上方式;三、前人已有較好的注本者,則采用集注、彙評、補正等方式整理。

《精華編》采用五次校審、遞進推動的管理程式,即:一、初校全稿。子海編纂中心組織碩、博研究生,修改文稿錯別字,規範異體字,調整格式,發現並標明校點中的不妥之處。二、初審文稿。子海編纂中心的編纂人員根據情況,解决初校時發現的問題,並判斷書稿的整體質量。三、匿名評審。聘請資深教授通審全稿,全面進行學術把關,消滅硬傷,寫出審稿意見。四、修改文稿。子海編纂中心及時把專家審稿意見反饋給整理者。整理者根據審稿意見修改,做出新文稿。五、終審文稿。待新文稿返回子海編纂中心後,總編纂做最後的學術質量把關。五步程序完成後,將文稿交付出版社。

五次校審的目的是爲了保證學術質量,提高整理水平,减少錯訛硬傷。但校書如掃塵埃落葉,隨掃隨有,《精華編》雖經多道程序嚴加把關,仍難免有錯,懇請方家不吝指教。子海編纂中心將及時總結經驗,吸取教訓,把工作做得更好,以實現課題設計的初衷。

目　録

問學録

　　足本《問學録》嚮未梓行，其編入《正誼堂全書》者，删節本也。是本從錢唐丁君丙借録，以屬平湖張君憲和讎校，張君因出示其曾大父熙河先生所爲序。蓋百十年前，其散佚已如此矣。光緒庚寅夏五，海昌許仁沐識。①

---

　　①　目録後所附該段文字據"陸子全書本"補。

三魚堂賸言

整理説明

一、其人與其書

　　陸隴其（1630—1693），初名龍其，因避諱改爲隴其，字稼書，浙江當湖人。據清吳光西等人所撰《陸稼書先生年譜》記載，他是唐代著名宰相陸贄之後，世居浙江當湖。明代當湖又析出平湖縣（屬嘉興府），陸隴其所居之地即歸平湖，故後來學者稱他爲"平湖先生"或"當湖先生"。陸隴其爲清代著名理學家，也是明清之際復興朱學的代表人物之一。明崇禎三年（1630）十月十八日，隴其出生於浙江平湖泖口（今屬新埭鎮）。崇禎八年（1635）入塾，塾師爲邑庠生彭元端，其人見隴其端重，視爲大器。崇禎十三年（1640）"四書""五經"皆已卒業，又習《左傳》，暮歸必問其父，籌燈夜讀，翌日成誦。隴其幼年根柢經術，醇而後肆，儕輩莫不傾服。崇禎十七年（1644），清兵入關，隴其隨父倉皇奔避，仍手不釋卷。順治七年至十三年（1650—1656）爲塾師。

順治十四年（1657）鄉試不第，是年十一月歲試得一等第二名，補廩膳生，受到當時浙江學政谷應泰的賞識。順治十五年至康熙八年（1658—1669）仍爲塾師，其間釐定科舉考試之制義體，編撰完成《增定四書大全》與《四書講義》，又取《性理大全》《文獻通考》《大學衍義補》《治平略》等書，親自抄録，分門別類，匯成一編。康熙九年（1670）中進士，因選庶常不及，按例候選知縣。次年，完成《四書講義續編》。康熙十一年（1672）往嘉興拜會呂留良，大有相見恨晚之感，遂將自己與呂留良之講論録入《衛濱日鈔》（後改名《松陽鈔存》），同年輯成《問學録》。康熙十二年（1673）撰成《戰國策去毒》，是書謂《戰國策》文章之奇，足以悦人耳目，而機變之巧亦足以壞人心術，猶如厚味之中有大毒，故舉文士所共讀者，指示其得失，並以“去毒”名之。康熙十四年（1675）赴任嘉定（今屬上海）知縣，任職期間抑制豪強，整頓胥役，深受鄉民愛戴。康熙十六年（1677），吏部以其才力不及而降級調用，後又以處置盜案有諱盜之疑而判其落職。嘉定百姓爲其呼冤，到督撫辯白，然無果。康熙二十二年（1683）十二月任靈壽知縣，上任之初作《自陳八款》，主張實政，始終力行。上任後，制訂“鄉規民約”，興修水利，獎勵農墾，減免賦税，潔己愛民，被譽爲“天下第一清廉”。在任期間，與百姓講論而作《六諭集解》，與諸生講論《四書》而作《松陽講義》。康熙二十五年

(1686)，修編《靈壽縣志》告成。《靈壽縣志》爲清代名志之一，是隴其取邑人傅維櫺修訂之縣志加以改訂而成，凡三易稿，有"不登寺觀，斥異端也；不載坊額，尚闇修也；不及前人文字之彰著者，以己見正史也"之特點。次年，撰成《衛濱日鈔》，此即後來所謂《松陽鈔存》。康熙二十九年（1690），被舉薦調任京官，後赴任四川道監察御史，協理山東道事。康熙三十年（1691），隴其上奏三議：一曰編審人丁，宜痛除積弊；二曰積欠錢糧宜急豁免；三曰捐納保舉宜急停止。三議無果，遂上《速停保舉先用疏》，言辭激切，反對因一時軍需而實行捐納，且認爲督撫保舉不當，選官良莠不齊，後遭彈劾，辭官回籍。後講學於東洞庭山，又在東泖顧書堵建"爾安書院"，專心講學著書，四方學者群聚門下。次年，病逝於泖口"三魚堂"故居，終年六十三歲。雍正二年（1724）從祀孔子廟廷，是清代第一位陪祀孔廟的儒者。乾隆六年（1741）贈禮部侍郎，謚"清獻"。①

　　陸稼書可謂著作等身，然經其手定刊刻留傳後世的卻不多，大部分書稿由其好友和門生後學整理校定而付梓，纔有幸示以後世。關於稼書之著述，李元度在《陸清獻公事略》中有較爲可靠的記載。參考其他相關資料，其所作大約有《四書大全》四十卷，《四書講義困勉録》三十七卷、《續困

---

　　①　參閱［清］吳光西等撰：《陸隴其年譜》，中華書局1993年版，第13—195頁。

勉録》六卷，《松陽講義》十二卷，《古文尚書考》一卷，《讀禮志疑》六卷，《戰國策去毒》二卷，《問學録》四卷，《三魚堂文集》十二卷、《外集》六卷、《附録》一卷，《讀朱隨筆》四卷，《學術辨》一卷，《三魚堂賸言》十二卷，《松陽鈔存》二卷。此外，還撰成《一隅集》《呻吟語質疑》，校訂《學蔀通辨》，編修《靈壽縣志》，注《禮經會元》等。

陸稼書爲明清之際尊朱辟王、踐履篤實的理學代表，在清初學術思想史研究方面具有較爲重要的地位。其思想體系的建立與發展，代表了清初士大夫在學術上所做出的歷史選擇，這種選擇並非兀然而起，而是有其自身精神傳承和發展過程，因此須在明清學術思潮轉向中對陸氏思想加以探討。

明代君主集權專制達至登峰造極，當權者急需一種能够維護自身統治地位的理論思想，而程朱理學對整肅社會秩序、維護倫理道德體系的重要作用使其在前期便被奉爲官學。洪武三年（1370）明朝恢復科舉考試，内容就以程朱理學爲主。成化年間（1465—1487）演爲八股取士，逐漸禁錮士人，理學生氣蕩然無存。“自八股行而古學棄，《大全》出而經説亡”（《日知録》卷十八《書傳會選》），顧炎武此言可謂切中要害。另一方面，就程朱理學本身而言，其崇仰“天理”，注重“格物致知”，但對常人而言卻難以把握，實無下手之處，陽明格竹之事便足見“格物”之病。且程朱理學又提出主敬涵養等修養方法，不免繁瑣複雜，被陸九淵譏爲“支離”。正因如此，位居官方正統的程朱理學漸呈疲態。隨後，陳獻章及其弟子湛若水，王守仁及其弟子王畿、錢德洪諸人打破了這一局面，尤以王守仁一派影響最大。守仁以明學術、正士風爲己任，放棄朱熹爲學之方，舍繁求簡，創立心學。相對於程朱理學，陽明心學則把天理從外部事物拉回到人的内心，提出心即理和心外無理等思想。如此一來，"格物致知"這一可望難及的過程，便被内心感悟所代替。陽明心學一脱程朱理學之經院習氣，充盈着生命體驗與智慧，大有撥雲見日之勢，時人確將其作爲救世良方，王學也自然占據了當時學術思想主流。然王學興盛之期不足數十年，最初的反省精神和創造力量便逐漸被後繼弟子消磨殆盡，陷入禪宗泥淖，露出虚無主義的傾向。在王門後學的鼓動之下，空談心性之風籠罩嘉、隆以後的整個社會，正如顧炎武痛切指出的那樣："劉、石亂華，本於清談之流禍，人人知之。孰知今日之清談，有甚於前代者。昔之清談談老、莊，今之清談談孔、孟。未得其精而已遺其粗，未究其本而先辭其末。不習六藝之文，不考百王之典，不綜當代之務，舉夫子論學、論政之大端一切不問，而曰'一貫'，曰'無言'。以明心見性之空言，代修己治人之實學。股肱惰而萬事荒，爪牙亡而四國亂，神州蕩覆，宗社丘墟！"① 梁啓超亦言："晚明學風凋

① ［清］顧炎武著，陳垣校注：《日知録校注》，安徽大學出版社 2007 年版，第 384 頁。

敝，流爲狂禪，滿街皆是聖人，酒色財氣不礙菩提路。"①
"故晚明理學之弊，恰如歐洲中世紀黑暗時代之景教。其極
也，能使人之心思耳目皆閉塞不用，獨立創造之精神，消蝕
達於零度。"② 陽明心學之價值雖不可一筆抹殺，但其末流積
弊確使社會危機進一步加深，反動之起如箭在弦，晚明蕺山
學派對於王學的反省已是先兆。

明崇禎十七年（1644），清軍入關，定鼎中原。新政權草
創，危機四伏，爲平息動亂、安定社會，清朝又將尊孔讀經、
崇儒重道列爲國策。康熙年間（1662—1722），程朱理學也再
次被立爲官學。在王朝鼎革的沖擊下，明清之際諸儒都不約
而同地對明亡進行反思，並將其歸咎於王學的盛行，認爲王
學空疏之弊使得學術人心盡變，綱常名教掃地，指斥王學名
儒實禪，視其爲異端，從道統上加以摒棄，大張"尊朱黜
王"旗幟，力主恢復程朱理學獨尊地位。雖然學術流弊並非
明朝滅亡的決定性因素，但傳統理學確實在明清之際諸儒的
聲討中出現了内部轉向，即從王學轉向朱學，從側重尊德性
而趨向於道問學。

基於對學術的認知和時代的要求，稼書也形成了尊朱黜
王、經世致用的思想。在理氣問題上，稼書主張理氣相依。

---

① 梁啓超：《論中國學術思想變遷之大勢·近世之學術》，上海古籍出版社
2001 年版，第 101 頁。

② 梁啓超：《清代學術概論》，中華書局 2010 年版，第 12 頁。

首先，理氣在時間上本無先後。如若理在氣先，那宇宙有一階段便是只有理而没有氣的，"太極則爲一懸空之物，而能生夫氣矣"（《問學録》卷三引薛瑄語），如此則氣就有生有滅，有端有始，顯然背離程頤所謂"動静無端，陰陽無始"。其次，在實存上，理氣合一。他曾借孟子"浩然之氣"加以申明，認爲"《書》言人心道心，《易》言形上形下"皆是把理氣分而言之，給人理氣分處兩地之感，"而曰'浩然'便已理氣合一，所謂器亦道，道亦器也"（《三魚堂賸言》卷六）。雖然稼書反復强調理氣渾融無間，但在邏輯分析上，他實際將理與氣分屬兩個範疇，而這種本體論反映在人性論上便是主張天命氣質不相雜。

在太極問題上，稼書從宇宙論與倫理論兩方面進行了探討，認爲就宇宙本體而言，"太極"與"理"屬相當範疇，是形上之本體，"萬理之總名"；就倫理本體而言，"太極"則是儒家倫理道德準則，是宗法等級禮儀制度的呈現。受清初實學思潮影響，他較少探討"太極"形上層面，而側重對"太極"道德踐履意義的闡發。在他看來，日用倫常之理應有實際著落，搭挂在日行之中，不能僅懸置於高處成爲玄思的對象。

在心性論方面，稼書多致力於心性之辨。他認爲性存在於心，是寓於心中的理，但性不是心。心是理氣之本，而性只是理。其次，他認爲心能知覺，而性不能知覺。性是理，理爲形而上者，是知覺背後之所以然，而非知覺本身。此外，

7

道心、人心問題可謂是其心性之辨的深入。他謹守朱子晚年
定論，認爲心是思維主體的具體意識，道心、人心皆是就已
發而言，合乎義理者爲道心，主於情欲者爲人心，二者是同
一知覺主體的不同思維内容。他又以周敦頤"聖人定之以中
正仁義"（《太極圖説》）爲依據，主張"道心常爲之主，而
人心聽命焉"（《三魚堂賸言》卷六）。

　　陸稼書對工夫論的詮釋是其整個理學思想中頗爲重要的
組成部分。他指出"世盡有言之克踐，而心實虛浮者"（《三
魚堂賸言》卷三），是故學者所當致力處應是具體的爲學工
夫。在格物致知上，他主张"格物之外，无致知工夫""致
知者必教之格物"（《三魚堂賸言》卷五），欲以此抵制心學
絶物致知的修養方法。在居敬涵養上，他認爲"平時無主敬
之功，則不能知；臨事無主敬之功，則不能慮。故君子之不
可須臾離者，敬也"（《問學録》卷二），延續了朱子持敬要
"無一息之間斷"意，並將"敬"提到與"道"等高的地位。
在他看來，主敬之精神有二，一曰主一無適，二曰戒慎恐懼。
在"居敬""窮理"之關係上，他主张"'窮理''居敬'，
必無偏廢之理"（《問學録》卷二），既要以敬自持，無思慮
之紛擾，又要格物致知，真正從人情事變上體認義理。

　　《問學録》與《三魚堂賸言》即是由上述思想指導著述
成書。《問學録》四卷成書於康熙十一年（1672），爲稼書中
年之作，是其學術傾向趨於明晰的代表之作。康熙十一年稼

書前往嘉興拜會吕留良，受吕氏影響，方成篤信朱學者，稱
"始遇先生（吕留良），從容指示，我志始堅，不可複變"①，
"至是於石門（吕留良）語，益信吾道不孤，心理本同，不
可別立宗旨厚誣天下也"②。並於是年輯成《問學録》。早先
研究者多以《松陽鈔存》與《松陽講義》爲要，因其詳載稼
書與吕留良論學之内容，實際二書多擇《問學録》要語而
成，著成時間亦晚於《問學録》。由此可見，該書是研究陸
氏思想不可或缺的一環。張伯行序云："有明以來，正學或顯
或晦。姚江祖金溪之説，摽爲'致良知'一門，幾欲舉問學
而廢之。天下之士，見其功業文章彪炳宇宙，莫敢置詞，隨
風而靡者，比比也。稼書先生獨毅然指其非，而不顧非訾姚
江以訾金溪也，所以尊考亭也。理無兩是，論無兩可，此先
生《問學録》所以見志也。"（《問學録·原序》）又言是書
"學術醇正，原本深厚，於近世諸賢所論辨晰尤精"（《問學
録·原序》）。書中采理學諸家之説，而參配以己意，見解尤
深。《問學録》由張伯行於康熙四十七年（1708）付梓刊行，
伯行"素仰先生之學，而未逮也，因爲刊訂是書，使天下知
先生之書實與考亭相表裏"，刊定時"特删去其辨難牽引之

---

① ［清］吴光西、郭麟、周梁等撰：《陸隴其年譜》，中華書局1993年版，第95
頁。
② ［清］吴光西、郭麟、周梁等撰：《陸隴其年譜》，中華書局1993年版，第
29—30頁。

太繁者，如伊川先生置之不問之意。蓋正學既明，異端自息，初不必切切然與較，而且聰明未一識見未定之士，亦不至使是非邪正交雜於目前也"（《問學録・原序》）。

與《問學録》屬同一性質之作還有《三魚堂賸言》。《三魚堂賸言》十二卷，本名"日鈔"，編撰體例略同於《問學録》，大抵原典、舊解約占十之七，出己意者十之三。又，隴其六世祖陸溥以"三魚堂"爲堂名，故其作亦多以"三魚堂"命名，諸如《三魚堂賸言》《三魚堂文集》《三魚堂日記》等。《四庫全書總目提要》謂《三魚堂賸言》"皆平時劄記之文，未分門目。其甥金山陳濟排次成編，雖亦不立標題，而推求其例，則一卷至四卷皆説五經，五卷六卷皆説四書，而附《太極圖説》《近思録》、小學數條，七卷八卷皆説諸儒得失，九卷至十二卷皆説子史，而亦間論雜事"。是書考論，皆有根據，尤其對名物訓詁典章度數，皆一一精研探索。書中辨別朱陸異同亦有所據，故能使人自領，未失平和之氣。

二、版本與流傳

陸隴其前半生多以講學爲業，四十多歲纔進入仕途，爲官清廉，不慕名利，所以《三魚堂賸言》也與其大多數著述一樣，未能在其生前付梓，直到乾隆六年（1741）外甥陳濟"念舅氏生平著述板行已多，兹書本名'日抄'，未經流布，深恐緒言餘論灕而不章，爰是重加編次，各以類分"（《三魚堂賸言·陳濟序》），是書纔有幸示以後世，並於乾隆八年（1743）刊行。這便是目前所見《三魚堂賸言》最早的版本。乾隆十五年（1750）陸氏甥孫陳寶麟又對該本進行修補並再次刊行，此即所謂三蕉書屋刊本。該本卷末有陳寶麟跋，云："先舅祖陸清獻公《賸言》一書，先君子刻於家塾，年未久遠而收藏不謹，版多漶漫，麟恐先君子訂正苦心，從此湮没，因重加修補行世。"此外，同樣刊行於乾隆年間的，還有乾隆四十三年（1778）《四庫全書》本。

　　繼乾隆間刻本後，又有同治七年（1868）武林薇署本，該本之首有明確牌記標示出自"武林薇署"。"薇署"又稱"薇垣"，是清初布政司的別稱，故"武林薇署"即爲浙江布政使司。該本原收錄於《三魚堂全集》中，是書含《三魚堂文集》十二卷、《外集》六卷、《附錄》一卷，《三魚堂日記》十卷，《讀禮志疑》一卷，《陸清獻公年譜》一卷，《三魚堂賸言》十二卷。其中《三魚堂文集》《外集》《附錄》與《三魚堂賸言》有牌記云"同治戊辰年武林薇署"，而《三魚堂日記》則有同治庚午（1870）刊於浙江書局的牌記，蓋是武林薇署與浙江書局所刻之書有前後承繼關係。咸豐十一年（1861），時任浙江巡撫的左宗棠在浙江鎮壓太平軍時，考慮到亂後書籍板片可能損失重大，便在寧波創置刻書機構，稱浙江刻書處，也就是浙江官書局的前身。同治三年（1864）

杭州收復後，左宗棠將該機構移到杭州，並欲將其擴充爲官書局，但不久調離杭州到湖北任職，因此作罷。太平天國運動平息後不久，爲響應曾國藩創設官書局之倡議，浙江布政使楊昌濬等人向巡撫馬新貽建議成立官書局，後由馬新貽上奏並主持創辦浙江書局。同治九年（1870），原布政使楊昌濬任浙江巡撫，主持監管浙江書局。對於浙江官書局的創立時間等歷史情況説法不一，但相關資料均表明至遲在同治七年（1868）便已經開局刻書，也就是説浙江書局是楊昌濬主政浙江時開創的。前文已述，在《三魚堂全集》中，同治九年（1870）所刻《三魚堂日記》便已有明確牌記標示其出自浙江書局，但查考浙江書局所刻書目，卻未見有《三魚堂賸言》，蓋是官書局成立後，原由楊昌濬主持武林薇署刊刻的圖書板片被一起併入了浙江書局，以致出現在《三魚堂全集》中武林薇署刻本與浙江書局刻本並存的現象。當前一些圖書館在著録相關藏書時往往將二者混同爲一，學者須細加審辨。

光緒四年（1878），浙江嘉興府秀水人孫福清將《三魚堂賸言》輯入《檇李遺書》，並由孫氏望雲仙館刊刻，其書頁内標有“望雲仙館”字樣，光緒六年（1880）刊行。此即光緒六年（1880）秀水孫氏望雲仙館刊本。

其後便是光緒十六年（1890）《陸子全書》本。《陸子全書》由嘉興知府宗培批行，許仁沐等人負責編輯，内收《三魚堂文集》十二卷、《三魚堂外集》六卷、《三魚堂日記》十

卷、《三魚堂賸言》十二卷、《三魚堂四書講義》二十卷、
《松陽講義》十二卷、《松陽鈔存》二卷、《學術辨》一卷、
《古文尚書考》一卷、《呻吟語質疑》一卷、《讀禮志疑》六
卷、《讀朱隨筆》四卷、《問學録》四卷、《戰國策去毒》二
卷、《禮經會元疏釋》四卷、《莅政摘要》二卷、《治嘉格言》
一卷、《莅嘉遺迹》三卷。該書版本亦存在著録錯誤的現象。
南開大學圖書館著録有清陸隴其撰《陸子全書》三種，道光
二十一年（1841）刻本，然許仁沐生於道光二十二年
（1842），所記刊刻時間早於許仁沐生辰，似著録有誤。國家
圖書館著録有清陸隴其撰《陸子全書》，同治七年至九年
（1868—1870）浙江書局刻本。經查証，浙江書局並未刊刻過
所謂《陸子全書》，且同治七年至九年（1868—1870）許仁
沐年二十六至二十八歲之間，主持編修刊刻《陸子全書》之
可能性甚小。許仁沐生平情況未見有專門記載，然據《陸子
全書》卷首"編刊陸子全書銜名"所言，編修《陸子全書》
時，許仁沐爲平湖縣教諭。教諭一般來源於舉人或貢生，少
數由訓導升任，還有極少數是進士出身，而貢生中式的平均
年齡與舉人中式的平均年齡基本都在二十八歲以上[1]，被任
命爲教諭並有能力主持編修刻書的年齡估計又要遠大於二十

---

① 參閱蔣金星、肖夫元:《清代舉子中式的平均年齡研究》,《北京理工大學
學報》2005 年第 3 期。

八歲，訓導升任和進士出身這兩種情況更是不言而喻，所以許仁沐二十六至二十八歲之間被任命爲教諭並主持編修刻書這種情況的可能性甚微。又有湖南省社會科學院圖書館著録清陸隴其撰《陸子全書》十八種，同治六年（1867）刻本；陝西省圖書館著録清陸隴其撰《陸子全書》十八種，存六種，同治七年至九年（1868—1870）刻本，皆誤。原因同上所述，故不復一一舉列。

關於《三魚堂賸言》的版本，又有所謂"楊氏刊本"，即乾隆年間金山楊開基刊本，查考各單位圖書館，未見有著録。但陸隴其所撰《松陽鈔存》有乾隆十六年（1751）楊開基刊本，因此所謂"楊氏刊本"可能是張冠李戴，將《松陽文鈔》版本混入《三魚堂賸言》版本。且《三魚堂賸言》最早版本是乾隆八年（1743）刻本，該本序中言陸隴其外甥陳濟於乾隆六年（1741）對初名"日鈔"的《三魚堂賸言》"重加編次，各以分類"，"以公當世"，乾隆十五年（1750）隴其甥孫陳寶麟又進行修補並刊行，楊開基實無須於乾隆年間另刻一本。

本書選擇的底本，是乾隆十五年（1750）三蕉書屋刊本（簡稱"三蕉書屋本"），上海圖書館有收藏。如前所述，該本是隴其甥孫陳寶麟以乾隆八年（1743）陳濟編刻的十二卷本爲基礎修補而成，編次仍舊，凡十二卷。正文前有乾隆六年（1741）陳濟《序》，乾隆八年（1743）陳世佶《序》，以及乾隆六年（1741）陳濟撰《清獻公傳略》，正文後有乾隆八年（1743）姚培謙《跋》，以及乾隆十五年（1750）陳寶麟《跋》。由於陳寶麟見此書"年未久遠而收藏不謹，版多漶漫，麟恐先君子訂正苦心，從此湮没，因重加修補行世"，故而剞刻精審，錯訛少見，從時間和校勘方面均可稱善本。

　　本書所選擇的校本之一，爲乾隆四十三年（1778）文淵閣《四庫全書》本（簡稱"四庫全書本"），凡十二卷，該本序跋皆不存，只有該書提要，此次點校根據《四庫全書總目提要》將其補於正文之後。版式爲四周雙邊，半葉八行二十一字，白口，單魚尾。"四庫全書本"歷來不被重視，其版本價值曾不斷遭到質疑，不過就《三魚堂賸言》而言，雖有出於政治因素的竄改之處，如卷十一"翼王言錢牧齋之文"一段，語涉"錢牧齋"者一併删削改寫，但這是其作爲清朝文化政治工程不可避免之缺陷，非學術性問題。且是書妄改之處不多，並有規律可循，校勘又尚屬盡心，改正之處大都有據可依，仍具有一定參考價值，如卷二"吴志尹"之"尹"字正爲"伊"字；卷五"横政暴斂之事"之"政"字正爲"征"字；卷五"閲席人衣敝緼袍章文"之"人"字正爲"生"字；卷十一"華容人孫殻"之"殻"字正爲"殻"字等。總之，"四庫全書本"在一定程度上彌補了底本的一些缺陷，值得肯定。

　　選擇的校本之二，是同治七年（1868）武林薇署刻本（簡稱"武林薇署本"），凡十二卷，復旦大學圖書館有收藏。

該本之首有明確牌記標示出自"武林薇署"。目録前有陳世倌《序》，後有陳濟《序》和《清獻公傳略》，三者次序與"三蕉書屋本"略有不同。正文後有姚培謙《跋》。版式爲四周單邊，半葉十行二十二字，白口上單魚尾。該本亦有些許訂正之功，如卷一"亦非朱子太極無不在之意"之"非"字正爲"本"字；卷九"閱黄子鴻所訂《晋·地里志》"之"里"字正爲"理"，"今《本志》濟南所領五縣"之"本"字正爲"宋"。許是先前幾個版本校改質量已經頗高，故該本與先前版本出入不大，偶有脱漏之處，如陳世倌《序》中"崇祀文廟"一句脱"文廟"二字，亦不多見。

　　選擇的校本之三，是光緒六年（1880）秀水孫氏望雲仙館刊本（簡稱"望雲仙館本"）。光緒四年（1878）浙江嘉興縣秀水人孫福清輯，孫氏望雲仙館刻，上海師範大學圖書館有收藏。該本正文前無序，只正文後有陳寶麟《跋》。版式爲左右雙邊，半葉九行二十一字，黑口，單魚尾，版心下端有"望雲仙館"字樣。該本繼承之前的校改成果，錯訛少見，但又出現脱字現象，如卷二"有功則可加至"下脱"二百一百里"至"始封之地"共二十三字；卷三脱"玩此"至"蹇澀"十四字。

　　選擇的校本之四，爲光緒十六年（1890）《陸子全書》本（簡稱"陸子全書本"），據《陸子全書》卷首"編刊陸子全書銜名"所記，是書由嘉興知府宗培批行，許仁沐等人負責編輯。目録前有《四庫全書總目・三魚堂賸言》提要，陳世俒《序》，姚培謙《跋》以及陳寶麟《跋》，目録後有陳濟《序》。版式爲四周雙邊，半葉十行二十三字，黑口，單魚尾。該本對是書做了進一步訂正，如卷二"以甲子告"之"甲子"正爲"甲寅"；卷二"則高粱恐未必是圓"之"圓"字正爲"黍"；卷八"是以萬物之義理言"，前本均脱"義"字，該本補之。另一方面，該本也存在較多異文，多可並存而兩通。

陸氏另一著作《問學録》於康熙十一年（1672）輯成，最早由張伯行收入《正誼堂全書》，於康熙四十七年（1708）付梓刊行。伯行欽慕陸隴其爲"程朱嫡派"，並在序中反復申述自己尊朱辟王的學術宗向，以及對學子們繼承程朱道統的親切期待，稱"余素仰先生之學，而未逮也，因爲刊訂是書，使天下知先生之書實與考亭相表裏，而於卷中特刪去其辨難牽引之太繁者，如伊川先生置之不問之意。蓋正學既明，異端自息，初不必切切然與較，而且聰明未一識見未定之士，亦不至使是非邪正交雜於目前也"（《問學録・原序》）。伯行爲學同隴其無異，亦本程朱而排斥陸王，編輯整理程朱學派著作多種。康熙四十六年（1707）伯行任福建巡撫，於九仙山之麓建鼇峰書院，名其堂曰正誼堂，《正誼堂全書》之名即源於此。鼇峰書院大張程朱旗幟，吸引了衆多士人學者前來就學，這也爲《正誼堂全書》的編刻做了充分的準備。張伯行既是鼇峰書院的創建者，也是《正誼堂全書》的總策劃，然實際主持者還有當時鼇峰書院的山長蔡璧，不過同治五年（1866）左宗棠增刊本中已無蔡璧之名。《正誼堂全書》專收程朱學派代表作及伯行自己之作，自宋以來程朱一派名作大備於此，然伯行本意在表彰程朱學派，故所録不盡關經義，未免稍濫。是書最初編成之時，共有著作五十五種，依內容分爲立德部、立功部、立言部、氣節部、名儒粹語、名儒文集六類。此外，張伯行自纂集者尚有十餘種。這些著作基本構成了現存《正誼堂全書》的主體。該叢書當時是陸續刊刻，似無統一名稱，但有"正誼堂板"之說，"正誼堂全書"之名或是同治間重刊時所冠。彼時雖然鼇峰書院"所藏版片則蠹蛀無存"，但是仍有四十四種流布於世。同治五年（1866）左宗棠訪得此書四十四種，乃設立正誼堂書局，釐訂重刊，增爲六十六種，大體上保持了該叢書在張伯行時代的原貌，於同治八年（1869）刊成。民國年間上海商務印書館發行的《叢書集成初編》即根據該本加以斷句排印，但校改不甚精湛，斷句亦多有不妥，版本價值十分有限。

光緒十六年（1890）嘉興知府宗培批行，許仁沐等人編輯的《陸子全書》亦收《問學録》。關於《陸子全書》，前文已有介紹，茲不贅述。值得注意的是，該本《問學録》較之正誼堂本多出近一倍條目。其中緣由有必要詳加説明。首先，正誼堂本《問學録》實非全本，然全本今已不存。張伯行爲是書作序時曾言"於卷中特删去其辨難牽引之太繁者"。許仁沐言:"足本《問學録》嚮未梓行,其編入《正誼堂全書》者,删節本也。"(《問學録·許仁沐識》)《松陽鈔存》申憲作跋時亦云:"正誼堂刻先王父遺書四種,《讀禮志疑》《讀朱隨筆》二書全刻,至《鈔存》及《問學録》均有删節。"可知張伯行曾對此書加以編選删節,是故正誼堂本《問學録》確非原書全貌。而關於《問學録》之初編,張誠云:"聞初編得自田阪曹氏,故清獻所自出,然余往求其原稿不可得。當搜輯造書時,仍以所獻者歸藏書家,今僅隔十年,而又付之無何有之鄉。"(《問學録·張誠序》)又可知是書原本今已不存。其次,張誠自述其所得《問學録》有兩編,其中"少司馬(沈初)以《日記》乃未成之書,爰为删其瑣屑,萃精語數萬言,命曰《問學續録》,而附於前編"(《問學録·張誠序》),大體可推知所謂前編乃正誼堂本《問學録》,即張伯行删節本《問學録》;其二爲沈初《問學續録》,此即比之正誼堂本所多者。序云《問學續録》爲沈初裁汰稼書《三魚堂日記》而成,並附於前編,但其中條目是否皆出自《三魚堂日記》還有待進一步考溯説明。又其雖言附於前編,但今所見陸子全書本《問學録》乃正誼堂本與《續録》交叉羅列而成,蓋是許仁沐重新編次所致。至於許仁沐編陸子全書本《問學録》過程,乃是"從錢唐丁君丙借録,以屬平湖張君憲和讎校"(《問學録·許仁沐識》)。

對《問學録》，本書選擇的底本爲福州正誼書局左氏增刊本《正誼堂全書》所輯，簡稱"正誼堂本"。如前所述，該本曾經廣爲流行，同治八年（1869）經左宗棠釐訂重刊後仍大體上保持張伯行時代原貌。凡四卷，無目録，正文前有康熙四十七年（1708）張伯行序。版式爲左右雙邊，上下單邊，半葉十行二十二字，白口，單魚尾。

本書選擇的校本爲光緒十六年（1890）《陸子全書》本（簡稱"陸子全書本"），是書由嘉興知府宗培批行，許仁沐等人負責編輯。目録前除張伯行《原序》外，增有張誠《序》。凡四卷，每卷條目數量亦皆有著録：卷一四十八條，卷二四十七條，卷三八十九條，卷四六十六條。目録後有許仁沐添加的識語數行。版式爲四周雙邊，半葉十行二十三字，白口，單魚尾。

總體而言，"正誼堂本"《問學録》不僅在著録時間上早於"陸子全書本"，且其雖有删節，但較之"陸子全書本"雜入《三魚堂日記》條目而言，在内容上也是最爲接近作品原貌之善本。不過"正誼堂本"雖經左宗棠重修，還是存在較多文字訛誤脱漏情況，錯字如卷一"楚辟吾衷"之"衷"字誤作"忠"字，卷二"肖其象懸室中"之"懸室"誤作"縣空"，卷三"君子慎其獨"之"慎"字誤作"謹"字；脱文如卷一"其弊又曷可勝道哉"下脱"以上俱因讀近溪門人曹允儒所記盱壇直詮而書"二十字，卷二正文"不知理氣之分不可曉"下脱注文"學約載整庵一條"至"分屬性情之意也"共五十八字，更有甚者如卷三"此即文清之説也"下脱"葉敬君謂只此"至"主敬之與静坐大不同"共一百五十一字。由此可見，該本也確實存在諸多問題。至於"陸子全書本"，雖雜入沈初之《問學續録》，不過《問學録》原條目之順序卻未做太多調整，且校勘較爲精審，恢復原書旨意之處頗多。例如卷二"拘牽附會"之"牽"字原誤作"率"字，"陸子全書本"正之；卷二"器亦道，道亦器"之"器"字原皆誤作"氣"字，"陸子全書本"正之；卷三"以推委避事爲老成"之"委"字原誤作"姦"字，"陸子全書本"正之。卷二"明道謂形而上爲道"原脱"謂"字，"陸子全書本"補之；卷三"出見紛華靡麗而悦"原脱"靡麗"二字，"陸子全書本"補之；卷四"思修身不可以不事親"原脱"不可以不事親"六字，"陸子全書本"補之。卷四"是欲常存吾心固有之理"之"常"下原衍一"常"字，"陸子全書本"删之。卷一"藝文志"原倒作"志藝文"，"陸子全書本"正之。雖有如此顯著之校勘成果，然訛誤脱漏之處亦在不少數，例如卷三"至邵子反之易，則知作易之本"之"本"字誤作"木"字，卷四"其門人鄱陽余祐序"之"祐"誤作"祜"；卷一"觀理之是非"下脱"燕泉幾亭所述"至"爲得其本"共三十二字，卷二"乃正告子之所以爲告子也歟"下脱"吕用晦見而評之曰"至"此論尤精"共三百七十二字。注文亦多有脱漏，例如卷一正文"門人相與輯而論纂"下脱注文"纂撰通"三字，又如卷三正文"得見朱子之全書而折衷"下脱注文"語類云折衷是折兩頭而取其中之義"十五字。此外，該本亦偶有沿襲之誤但不多見，如卷一"譚梁生以善人爲狂俱"之"狂俱"似應作"狂狷"，而"陸子全書本"因"正誼堂本"作"狂俱"；卷四"若周恭叔、劉元之爲永嘉之學"之"劉元"應作"劉元得"，而兩版本皆脱"得"字。

作爲清初名儒，陸稼書被收録於《清史稿》《清史列傳》，唐鑒《清學案小識》、徐世昌《清儒學案》、徐珂《清稗類鈔》、梁啓超《中國近三百年學術史》、張舜徽《清儒學記》等亦均有一定篇幅評議稼書之學。近年來相關學術著作如龔書鐸《清代理學史》、林國標《清初朱子學研究》、鄭宗義《明清儒學轉型探析》、王汎森《晚明清初思想十論》、張君勱《新儒家思想史》等都有所論及，但多將其融入清初理學思潮中做概要介紹，少有深析之處。目前學界對陸隴其的研究還比較薄弱，未見有校點本和以其爲研究對象之專著，只有與之相關的十幾篇期刊論文和學位論文，且主要集中在其理學思想方面。稼書思想承朱子而來，至繁至雜，其理論體系與著述版本之研究尚有許多未能深析之處，文本整理亦存在諸多空缺，這些都是目前學者應該用力之所在。

問學録

原　序

　　或有問於余者曰："陸稼書先生所著，有以'問學録'名者何義也？"余應之曰："先生服膺考亭素矣，於《四書講義》與《困勉録》不既彰彰乎？兹編之作仍以尊考亭也。"曰："自尊德性、道問學並見於《中庸》，而世之言教者，謂考亭主於道問學，象山主於尊德性之説，果然乎？"曰："象山亦焉知所爲德性而尊之哉？① 彼其爲説謂心即理，是以心爲德性可知矣。吾不知質諸伊洛所云'性即理者'能無失焉？否也。至其教授弟子也，止於主靜，於是有安坐瞑目之功，有忽然頓悟之效。其以主靜爲尊，又可知矣。吾不知質諸伊洛所云'涵養須用敬，進學在致知'者，又無失焉？否也。若夫考亭之學，則不然矣。操存涵養，莫非明德性之當尊，而格物致知兼以著問學之不可偏廢。揆諸孔孟，固一理之攸同，較之二程，無幾微之不合。其於象山目之爲禪學，方之爲告子，豈非以其任心廢學之弊將有不可勝言者哉？"有

------

① "爲"，"陸子全書本"作"謂"。

3

明以來，正學或顯或晦。姚江祖金溪之説，摽爲"致良知"一門，幾欲舉問學而廢之。天下之士，見其功業文章彪炳宇宙，莫敢置詞，隨風而靡者，比比也。稼書先生獨毅然指其非，而不顧非詆姚江以訾金溪也，所以尊考亭也。理無兩是，論無兩可，此先生《問學録》所以見志也。今觀其書，學術醇正，原本深厚，於近世諸賢所論辨晰尤精。余素仰先生之學，而未逮也，因爲刊訂是書，使天下知先生之書實與考亭相表裏，而於卷中特删去其辨難牽引之太繁者，如伊川先生置之不問之意。蓋正學既明，異端自息，初不必切切然與較，而且聰明未一識見未定之士，亦不至使是非邪正交雜於目前也。是爲序。

康熙四十七年戊子端午後三日，儀封後學張伯行題於榕城之正誼堂。

張誠序①

　　癸卯夏五，余爲陸清獻公墓封土立石。既藏事，登三魚堂晤公曾孫宗源，問公遺書，則云：散佚已盡，前年尚有家藏《周禮辨誤》，公所手輯，今亦歸之好事者，不知存亡。余爲之憮然。既而沈少司馬雲椒先生出《問學錄》兩編示余，曰：“此清獻公未刊遺書也。曩余奉天子命搜采浙江典籍，獲睹此書，既進呈御覽，又命胥鈔錄，藏之篋笥。其後渡建溪時爲河伯所奪，幸而得出於厄，疑公之神靈陰爲呵護。顧帝虎亥豕沿誤滋多，君蓋爲我正之。”余受而卒讀焉，其書闡明古昔聖賢之蘊、文章政事之源，旁及天文、地利、河渠之説，有體有用，鉅細不遺。聞初編得自田阪曹氏，故清獻所自出，然余往求其原稿不可得。當搜輯造書時，仍以所獻者歸藏書家，今僅隔十年，而又付之無何有之鄉，則有心斯道者蓋絶少概見，予何敢強作解事？僅闕疑以待。若夫續錄本《三魚堂日記》也，少司馬以《日記》乃未成之書，爰爲

---

　　①　該序言據“陸子全書本”補，原題名作“序”。

删其瑣屑，萃精語數萬言，命曰"問學續録"，而附於前編。是匪直收藏之力，尤多删訂之功，闡揚先儒之盛心，豈淺鮮哉！東城倪氏，清獻嘗館其家，有舊傳《日記》鈔本，借歸參訂，凡逾月而竣。昔朱子殁而蜀人李道傳輯《語録》，其弟性傳輯《續録》，建安蔡抗輯《後録》，莆田黃士毅復因類而分爲《語録》，東陽王佖又爲《續録》，至導江黎靖德始合五書而匯梓之，名曰"語録大全"，而朱子之遺文始備。今清獻自《文集》而外，若《困勉録》《松陽講義》《讀朱隨筆》《三魚堂賸言》各書，久已風行海内，户誦家弦，至此書則固未及流播而爲舉世所鮮知者。幸少司馬搜羅而編次之，得以不墜。又況上之朝廷登諸天禄、石渠，用襄文治，丕昭理學之光，豈非儒林盛事？則李道傳輩之墨守章句，又瞠乎其後矣。他日有如黎靖德其人者，以刻朱子之書之法集清獻之集，行將訪求是《録》與《困勉録》諸書，集成大觀，並垂不朽，則余與少司馬固皆生長清獻之鄉而竊願抱殘守缺者，其能無深望也夫！邑後學張誠。

卷　一

　　陳幾亭謂顔山農以口舌陷狴犴，① 羅近溪變産脱之。② 山農視近溪家爲外府，取用無厭，論學或不合，則披其頰。在近溪因失所宗，抑情忍辱，亦人所難，而山農之妄取苛求，悉動於氣，人欲橫流，視彼制欲者，不應愧死乎？山農事，見於鄒南皋所撰《近溪墓碑》。幾亭之論，非過也。蓋陽明致良知之學，苟無程朱格物之功，則所認爲本心者，未必是本心；所認爲良知者，未必是良知。自必有弊，而況山農、近溪專以自然爲主，其弊又曷可勝道哉？以上俱因讀近溪門人曹允儒所記《盱壇直詮》而書。③

　　《餘冬序録》論進言之法，曰："吕伯恭云解人之怒，須委曲順其意，然後徐以言語解之，其怒方息。若他人正言彼之不是，我卻以爲是，是激之也。田蚡正怒灌夫，而竇嬰乃

---

① "陳"，"陸子全書本"無此字。
② "羅"，"陸子全書本"無此字。
③ "以上俱因讀近溪門人曹允儒所記盱壇直詮而書"二十字，據"陸子全書本"補。

言夫名冠三軍；宣帝正怒蓋寬饒，而鄭昌乃言寬饒進有憂國之心，退有死義之節，故二人卒不免死。此皆不善救人者也。魏文侯與士大夫坐，問曰：'寡人何如君?'群臣皆曰：'仁君也。'翟璜曰：^①'君非仁君也。君伐中山，不封君之弟，而封君之子，非仁君也。'文侯怒，翟璜趨出。次至任座，任座事出劉向《新序》。座對曰：'仁君也。君仁則臣直，黄之言直，是以知君仁君也。'文侯乃復召翟璜。秦王與中期爭論，此事出《戰国策》。不勝。秦王怒，人爲説秦王曰：'此悍人也。適遇明君，故也，遇桀、紂，必殺之矣。'王因勿罪。^②唐穆宗時，崔發毆曳中人，因繫獄。臺諫申救，皆不聽。李逢吉從容言曰：'崔發毆曳中人，誠大不恭。然其母年八十，因發下獄，積憂成疾，陛下方以孝治天下，所宜矜念。'^③上惄然曰：'比諫官但言發冤，未嘗言其不恭，亦不言其有老母。如卿所言，朕何爲不赦之。'即釋其罪。故勸人不可指其過，須先美其長，人喜則語言易入，怒則語言難入，觀上數事可驗矣。"又按，陳幾亭曰："凡性躁者，乘怒，雖有智不及生，必使緩之，而後智出。如敬翔之於朱全忠，往往以術緩之，

①　"璜"，原作"黄"，據"陸子全書本"改，下同。按，翟璜，亦名翟觸，生卒年不詳，下邽(今陝西渭南)人，戰國時期魏國國相，輔佐魏文侯，爵至上卿。

②　"勿"，"陸子全書本"作"弗"。

③　"矜"，原作"務"，據"陸子全書本"改。按，矜念，意爲憐念，明代劉基《諭甌栝父老文》："丞相矜念小民，謂不教而誅，有辜帝仁。"

緩之而後可以正諫。翔助逆之人耳，然諫法可取。"觀燕泉所述，則知當婉其辭；①觀幾亭所述，則知諫又當寬其時，合而用之，其庶幾乎！雖然，此皆爲諫者言也，若受諫者，則豈可曰若者激、若者驟，而不之聽耶？雖盛怒時聞逆耳之言，亦當遽忘其怒，而觀理之是非。燕泉、幾亭所述，亦是救之末流之法，又不若番吾君教公仲連進士之法爲得其本。②

《餘冬序録》曰："范純仁凡薦引人材，必以天下公議，其人不知自純仁所出。或曰：'爲宰相，豈可不牢籠天下士，使知出於門下？'純仁曰：'但願朝廷進用不失正人，何必知出於我耶？'潘良貴除考功郎，遷左司。宰相吕頤浩從容謂良貴曰：'旦夕相引入兩省。'良貴正色對曰：'親老方欲乞外，兩省官非良貴可爲也。'退語人曰：'宰相進退一世人才，以爲賢耶，自當擢用，何可握手密語，先示私恩？若士大夫受其牢籠，又何以立朝？'即日乞補外。"賢宰相如范純仁，決不肯以術牢籠人；士大夫如潘良貴之賢，亦決不爲人所牢籠矣。此一條吾輩書諸紳，則鬧熱之際可以自安。③又曰："昔杜預在鎮，數餉遺洛中貴要。或問之，曰：'吾恐爲害，不求益也。'宋林大中落職歸客，或勸大中通韓侂胄書曰：'縱不求福，盍亦免禍？'大中曰：'福不可求而得，禍可懼而免

---

① "知"下，"陸子全書本"有"諫"字。

② "燕泉幾亭所述"至"爲得其本"，"陸子全書本"無此三十二字。

③ "鬧熱"，"陸子全書本"作"熱鬧"。

耶?’陸務觀有言:‘禍有不可避者，避之得禍彌甚。’”此一條吾輩書諸紳，則憂疑之際可以自安。

張侗初謂天下之患莫大乎太分別，太分別則不肖者無所容，而賢者亦局於所見而不化。且一分別則天下賢、不肖將有不勝分之患，不勝分且有不勝混之患，此亂之道也。韓魏公三十年相業，其得力處正在不欲分別黑白，又作《渙群論》曰:“孔子云‘君子群而不黨’，而《易》稱渙小群以成大群。夫大群，群也;小群，黨也。大群爲君子，而小群則雖有君子之名，行君子之事，而其流必中於小人之無忌憚，何也? 以有小人爲之借也。君子有一偏側，不肖之人遂窺所嚮而投足焉。獵名者托其芳，負訐者營其窟，憤盈者張其勢，毒螫者假其焰火。荆棘載道，風波彌天，摧車覆舟，勢所必至，而士君子平昔所自期待，究竟殉此一時魍魎，而卒無所成。始於立氣節,① 而竟收占風轉舵之人;始於明學術，而竟引塗面喪心之輩。至於意見牢據，猜度橫生，因此輩之是非爲是非，奸類容而善類疑，其爲累豈不大哉?”故愛國家者，無狃小群而失大群也，此皆切中東林諸君子之弊。然顧涇陽之告王荆石則曰:“謹厚一路人，以模棱爲工，以調停爲便。遇賢否不欲分明別白，混而納之於平等，而曰吾能剖破藩籬;遇是非不肯直截擔當，漫而付之於含糊，而曰吾能脱

---

① “立”，原作“主”，據“陸子全書本”改。

落意見。久之，正氣日消，清議日微，士習日巧，宦機日猾。卒乃知有身，不知有國；知有私交，不知有君父。本欲懲東京之矯激，而反弄成西京之頑鈍。其釀禍流毒，殆有不可勝言者，此正孔子所謂‘德之賊’，孟子所謂‘衆皆悅之，自以爲是，而不可與入堯舜之道’者也。”三代而下，高官大祿，大率此一路人居多。即遏之猶恐不能絶，而況樹之幟而導之趨乎？此又切中末世庸人之病。然則士君子處世，果當何如？曰：是在先正其本，曠然無我，而惟以天下國家爲念，其積誠已足風世矣。而其語默剛柔之節，則又因乎其時，所謂邦有道，危言危行也；因乎其交，所謂信而後諫也；因乎其地，所謂不在其位不謀其政也。賢否不可不辨，而不宜處之以刻，使之無地自容也；是非不可不白，而不宜或傷於訐，使之窮而思逞也。憂時之心彌篤，而能漸以導之；抗節之意彌堅，而能婉以出之。不爲西京之頑鈍，亦不爲東京之矯激，此所謂君子。而時中此所謂君子，義以爲質，禮以行之，孫以出之，信以成之，其庶幾乎？不然徒知惡矯激，而不知其入於鄉願；徒知惡鄉願，而不知其入於矯激。雖如魏公之不欲分黑白忠厚莫甚焉，是從天下國家起見，而非鄉願也，然使一概如此，豈得無弊？雖如涇陽之正直，嘗自謂吾輩持濂洛關閩之清議，不持顧厨俊及之清議，是亦從天下國家起見，而非徒矯激也，然終不免於矯激之禍，爲君子者可不慎哉？況矯激之弊，世必且共轉爲鄉願；鄉願之弊，世必且共轉爲矯激，是二者又適相因也。是以天下務在於平，而君子惟貴於中。雖然《尚書》有直寬剛柔之教，則人之不能皆中也，唐虞時已然矣。是又賴在上之君子，主持而化裁之，取其長而導其偏，使君子之忠厚者不病於正直，正直者不病於忠厚，而鄉願與矯激者皆不得而托焉，則東京末流之禍不見於天下，① 而唐虞之治可幾矣。蓋正直忠厚處世之道，只此二端，所難得恰好者，分寸耳。不講分寸而各持一説，則二者皆必弊之道也。

《論語》云：“斯民也，三代之所以直道而行也。”朱子《答吕伯恭書》曰：“‘斯民’是指當時之人，而言今世，雖是習俗不美，直道難行，然三代盛時所以直道而行者，亦只是行之於此人耳，不待易民而化也。聖人之意，是言直道可行，無古今之異。”此説甚精。然《集注》止言直道之不可不行，而不言直道之可行，豈以其涉於計較得失耶？蓋聖人此言與魏徵勸太宗行仁義之意又不同，《集注》之斟酌尤精矣。

孔子集群聖之大成，朱子集諸儒之大成，猶文、武、周公損益二代之制以成一王之法也。孔子傷夏、殷之禮不足徵，蓋惜文、武、周公損益之妙不得見於後世耳。今孔子之道，雖垂於“六經”，而其所以損益群聖者，後世亦不能知其詳。

---

① “東”下，“陸子全書本”有“西”字。

若朱子去今未遠，① 遺文具在，其所爲諸經之傳注，既足以明道於天下，而其損益之妙又往往見於《文集》《語録》之中，② 學者其可不寶而傳焉？

《論語》一書不載記述姓氏。《漢書・藝文志》謂當時弟子各有所記，夫子既卒，門人相與輯而論纂，"纂""撰"通。③不言何弟子。鄭康成謂是仲弓、子游、子夏等撰定。柳子厚謂是書載弟子必以字，獨曾子、有子不然，疑是孔子弟子雜記其言，而曾子弟子樂正子春、子思之徒卒成其書。程明道亦以爲然。魏了翁謂《孝經》字仲尼而子曾子，子不尊於字，至於子思字其祖，孟子字其師之祖，相傳至今，人之字仲尼者，無敢以爲疑。然則《論語》亦未必出曾門也，今亦不必强定其爲何人。

孔孟每稱善人，大抵善人之類不一，有近於狂之善人，有近於狷之善人，有近於中行之善人。善人者，任其狂狷、中行之質而自成焉者也；君子者，因其狂狷、中行之質而裁成焉者也。陳幾亭以善人爲中行，譚梁生以善人爲狂俱，④未是。象山、陽明大抵皆是近狂之善人。又按，《朱子語類》講《論語・不得中行》章曰："善人只循循自守，不曾勇猛

---

① "若"，"陸子全書本"作"獨"。
② "又"，"陸子全書本"無此字。
③ "纂撰通"，"陸子全書本"無此三字。
④ "狂俱"，根據下文，此處應作"狂狷"。

精進，循規蹈矩則有餘，責之以任道則不足。狷者雖非中道，然這般人終是有筋骨。”又曰：“漢文帝謂之善人，武帝卻有狂氣象。文帝天資雖美，然止此而已。武帝多有病痛，然天資高，足以有爲。”據此，則又似以善人爲謹厚之士也，[1]又可比類而知。[2]愚謂有近於謹厚之善人，而不可謂善人止謹厚之士也，謂善人不及狂狷，止可指近於謹厚之一種，而不可以此概善人也。朱子此條宜善會。永樂時纂《大全》，删去“善人”字，甚有見。甲寅。[3]

沈晴峰論“清”“任”“和”之義，曰：“昔在孟子時，伯夷、伊尹、柳下惠三聖之名與孔子鼎立，[4]未有標別而獨尊吾孔子也者，惟孟子始見孔子之大，爲此區別之論。伯夷擔負綱常砥礪名節，一讓而父子兄弟之道立，一諫而君臣冠履之防明。後來如季札、嚴光、文天祥之流似之。然世路淆雜，利害相攻，使人人遜讓以不犯手爲高，大事大變倚靠誰人？故伊尹一任而伐夏救民，再任而放桐復辟。後世如霍光、諸葛亮之流似之。然天下事，有遇不遇；天下人，有能不能。比潔其身，拂衣便逝，則人人牴牾。若一切引而自擔之，不

---

① “也”，原缺，據“陸子全書本”補。
② “又可比類而知”，原缺，據“陸子全書本”補。
③ “甲寅”，“陸子全書本”無此二字。
④ “三聖”，原缺，據“陸子全書本”補。

顧人之任我不任我，天下事亦必決裂而不能支。① 自世之衰也，非復三五之時，② 公道半明晦，人群半真偽，故人情事變亦半起半仆，任之不能，清之不得，則須耐性柔情，徐量其機，解紛調劑。救之者半，隨之者半，故柳下惠者，未嘗不清，不必激而表其清；未嘗不任，不必任而處之過。曹參、丙吉、謝安、王旦之流似之。人生處世，只此三條大路，孔子酌於三者之中。幾微中節，譬之大醫用藥，③ 仍是衆工所用者，勸合銖兩之不同耳。譬僚之於丸，庖丁之於牛，丈人之於承蜩，輪扁之於斲輪，皆妙在手法輕重疾徐之間。嗚呼，巧難言哉！若論其大較，伯夷擔負綱常，清亦有任；柳下直道事人，和亦彌清；伊尹一介不苟，清而能任。聖人所由不同道，其趨一也，仁也。”此論“清”“任”“和”之義精矣。然“清”“任”“和”與“為我”“兼愛”“執中”又何以別？曰：“清者無我，與為我不同；任者有差等之愛，與兼愛不同；和者調劑於清任之間，執中者强執於為我、兼愛之中。故夷、尹、惠與孔子偏全之分也，異而同者也；楊、墨、子莫與孔子邪正之分也，直為異端而已。”然則季札、諸葛亮、謝安、王旦之流，亦可為聖乎？曰：“是皆君子、善人、中

---

① “天下事有遇不遇”至“亦必決裂而不能支”五十五字，原缺，據“陸子全書本”補。

② “復”，“陸子全書本”無此字。

③ “之”，“陸子全書本”作“如”。

行、狂狷之徒也。蓋君子、善人、中行、狂狷之内，又各自有‘清’‘任’‘和’之不同，‘清’‘任’‘和’内，又各有剛柔之不同。”

程篁墩之《道一編》，王陽明之《朱子晚年定論》，其意皆欲以朱合陸，此皆所謂援儒入墨。較之顯背紫陽者，其失尤甚。陳清瀾、名建，东筦人。此一條見所著《皇明通紀》中。陳幾亭論之甚詳。清瀾曰：“朱子於象山，早歲猶去短集長，略有取焉。至晚年，益相冰炭二家，《年譜》《文集》具有明徵。篁墩《道一編》欲彌縫陸學，乃取二家之論，早晚一切顛倒變亂之，遂牽合二家，以爲早異晚同；矯誣朱子，以爲早年誤疑象山，而晚年始悔悟，而與象山合。自此説既成，後人忘源失委，一切遽信，① 而不知篁墩之爲顛倒、爲變亂、爲誣、爲誑也。其誤後學，甚矣。愚聞閲焉，不勝憤慨，因效法家翻案法，著爲《學蔀通辨》，編年考訂，以究極二家早晚同異是非之歸。寧得罪篁墩，不敢矯誣前賢，誑誤天下後世學者。”幾亭曰：幾亭此條見《陽明要書》中。“觀陽明所輯朱子諸書，乃平日錯綜答人，亦或因朋友之病而自抑以醒之，不盡出於晚年也。陽明取以自同，呼之曰‘晚年定論’，亦從數百載後遥斷之耳。夫以朱子之躬行實踐，而反自愧爲口

---

① “遽”，“陸子全書本”作“據”。

耳之學，正文莫猶人之意。①　今亦執夫子之自言，而謂聖人躬行未得，可乎？但朱子誦讀著述，精神所用，或者過多，晚年益加切近，又是其進處。寧可謂其生平專事口耳，茫然無得於心，至老而痛悔極艾，未及改正耶？”二陳之言，蓋皆本之《困知記》，合而觀之，則朱陸異同可不待辨而明矣。不然，如陽明之徒竟以《集注》《或問》爲朱子中年未定之說，而謂其晚歲大悟。舊說之非，使學者雖有信從朱子之心，而不能不惑於其言。天下何不幸，而有此種議論也。至於徐文貞《學則》一書，則又欲以陸合朱，此則所謂推墨附儒。夫以朱合陸，固失之誣，以陸合朱，則亦失陸子之所以爲學矣。象山之言，雖未嘗不曰親師友、曰觀書册、曰講明，然其視“講明”一邊卻輕，豈可與朱子之尊德性、道問學並重而無弊者同日語哉？文貞强而一之，亦豈真知象山者也。

《餘冬序録》云：“天順二年，臨川吳徵士與弼入京。英宗御文華殿召問，與弼嗫嚅無以對，左右怪之。趣使言，始曰：‘容臣上疏而已。’駕起，因慘然出至左順門，脫帽視兩蝎存焉，人始知其不能承旨，以忍痛故。此何莫非數也哉？”愚謂此雖是數，然君子於冠裳佩服之間，亦不可不致慎。一有所忽，是亦學問之疏也。

聖人以杖叩原壤，此亦因人而施。若使遇莊周、蘇軾，

---

① “意”，“陸子全書本”作“義”。

必不如此，彼亦必不肯默受，適以啓其不遜耳。大抵人之流於異端者，有剛、柔之不同，而聖人之教亦有剛克、柔克之不同。原壤之叩，蓋以剛克柔之法也。

宋范純仁貶武安軍節度使，永州安置。或謂其好名，純仁曰："若避好名之嫌，則無爲善之路矣。"愚謂好名之嫌不可避，好名之心不可有。陳塤爲太常博士，常以書諫丞相史彌遠。彌遠召塤問曰："吾甥殆好名耶?"塤曰："好名，孟子所不取。夫求士於三代之上，惟恐其好名；求士於三代之下，惟恐其不好名。"愚謂君相論人，不可疾其好名。君子自處，則不可好名。

《家語》一書亂於後人之手，又未經程朱大儒論正，是以愈傳愈亂。《餘冬序録》謂考《漢書・藝文志》載《家語》二十七卷，顏師古曰非今所有《家語》也，《唐書・藝文志》有王肅注《家語》十卷，[1] 此則師古所謂今之《家語》歟? 今世所傳《家語》殆又非肅本，[2] 非師古所謂今之所有者。所以知之者，[3] 蓋司馬貞與師古同代人也。貞作《史記索隱》引及《家語》，今本或有或無，有亦不同，可知其非肅之全書矣。《史記》傳"顏何，字冉"，《索隱》云《家語》字稱。仁山金氏考七十二子姓氏，以顏何不載於《家語》。《論

語》"問子桑伯子"，朱注云："《家語》記伯子不衣冠而處。"張存中取《説苑》中語爲証，蓋金、張二人所見已是今本。今《家語》，元王廣謀所注本也。顔何、伯子事廣謀本所無者，以《餘冬序録》觀之，則朱子猶及見王肅本，而今則重亂而失真矣。譚梁生以伯子事見《説苑》而不見《家語》，而議朱注之疏，殆未考《家語》之始末也，① 亦可爲讀書輕議古人者之戒矣。

　　鄒南皋自記萬曆壬辰至彭澤，② 母夫人舟泊大江，相去十餘里，欲亟得，夫乃持尺牘呼尉至而屬詞詰之。須臾，夫集舟行。家童喜，謂不屬詞則不懼，不懼則夫不集，而舟不行。南皋退而深自慚悔，呼尉至以好語慰勞之，然尤悔不能已，因自訟曰：維桑與梓，必恭敬止。彭澤，吾桑梓地，奈何以一尉而遂忘恭敬心乎？生平以理性爲主，兹詞暴氣粗，恐不可令知者見。且不過謂尉可欺耳，萬一尉有陶彭澤其人者，束带以去，遂爲世僇人，怒可輕視哉？聖賢處此，寧從容以俟，必不忍以一事而戾中和，因記之以昭過，謂不如是，與家童有喜心者何異？南皋之悔，即程子所謂能於怒時，遽忘其怒，而觀理之是非者也。然此猶是怒之不甚當者也。即使當怒而怒，亦必思曾子所謂"上失其道，民散久矣"，必

----

① "之"，"陸子全書本"無此字。
② "鄒南皋自記萬曆壬辰至彭澤"，本段原緊接上文，據"陸子全書本"另分一段。

思孟子所謂"於禽獸又何難焉"，必思叔向所謂"楚辟吾衷,① 若何效辟"，但當以理自處，不可一於縱弛耳。

　　崔子鐘《洹詞》記章楓山爲司成，其子自金華來省，道逢巡檢笞之，已知請罪，公笑曰："吾子垢衣敝履，宜爾不識也。"章公德量加於南皋一等。② 養氣在於集義，集義必先審幾。

─────────────

　　① "衷"，原作"忠"，據"陸子全書本"改。按，《左傳·昭公六年》："楚辟我衷，若何效辟。"杜預注："辟，邪也；衷，正也。"
　　② "崔子鐘洹詞"至"章公德量加於南皋一等"，"陸子全書本"作小注且緊接上文而未另起一段。

卷 二

遇事須從容詳審，一或急遽，不特平時未曾講究者必至於差，即曾經講究者亦不能無失。此聖人所以入太廟每事問，而《大學》知止之後所以又貴能慮也。然人亦有知從容詳審之善而臨事不覺急遽者，則以其無主敬之功耳。平時無主敬之功，則不能知；臨事無主敬之功，則不能慮。故君子之不可須臾離者，敬也。

劉誠意著《郁離子》，持論頗正，然其書多學莊、周之寓言，此在莊、周已疾其誕，況可從而效之乎？或曰：“周公《鴟鴞》之詩非寓言乎？何獨病莊、周也。”曰：“托於物則可，托於古人則不可，恐以偽亂真也。托於目前之物則可，托於荒唐之物則不可，恐以無爲有也。鯤鵬九萬里之說，顏子心齋坐忘之說，至今惑人耳目，如之何其學之也？”

呂晚村曰：“儒者正學，自朱子没，勉齋、漢卿僅足自守，不能發皇恢張，再傳盡失其旨。如何、王、金、許之徒，皆潛畔師說，不止吳澄一人也。自是講章之派日繁月盛，而儒者之學遂亡。”永樂間，纂修《四書大全》，一時學者爲靖難殺戮殆盡，僅存胡廣、楊榮等苟且庸鄙之夫主其事，故所摭掇多與傳注相繆戾，甚有非朱子語而誣入之者，蓋襲《通義》之誤而莫知正也。① 自余《蒙引》《存疑》《淺說》，諸書紛然雜出，拘牽附會，破碎支離。其得者，無以逾乎訓詁之精，其失者，益以滋後世之惑。上無以承程朱之旨，下適足爲異端之所笑。故余謂講章之道不息，孔孟之道不著也，腐爛陳陳，人心厭惡，良知家挾異端之術起而決其籬樊，聰明向上之士翕然歸之。隆、萬以後，遂以背攻朱注爲事，而禍害有不忍言者。識者歸咎於禪學，而不知致禪學者之爲講章也。愚謂晚村之言，惡禪學而追咎於何、王、金、許以及明初諸儒，乃《春秋》責備賢者之義，亦拔本塞源之論也。然諸儒之拘牽附會、② 破碎支離、潛畔師説者，誠有之，而其發明程朱之理，以開示來學者，亦不少矣。使朱子没後無諸儒，則其籬樊不至隆、萬而始裂，而今之欲闢邪從正者，③豈不愈難也哉？故君子於諸儒，但當擇其精而去其粗，無惑於拘牽附會、破碎支離之説，而不没其守先待後之功，則正學之明，其庶幾焉。若盡舉而棄之，曰是異端之涉，廣爲彼驅除難耳，則因瑕廢瑜，而程朱之道亦孤立而難明矣。

　　晚村謂遵傳注，莫患乎知其當然而不知其所以然。終於

───────────

① "知"，"陸子全書本"作"之"。
② "牽"，原作"率"，據"陸子全書本"改。
③ "從"，"陸子全書本"作"崇"。

可遵可叛，無一定不易之理。如《論語・仲尼焉學》章，"道"字，注作"謨訓功烈，禮樂文章"，人皆知之矣。然試問堯舜以來，相傳之道，夫子獨不學乎？豈堯舜列聖之道，皆止於"謨烈禮文"乎？論道體，不容分大小賢、不賢矣，然道兼精粗上下，獨不可以之分大小、賢不賢乎？此陋儒定以爲疑者也。然則"道"之注爲"謨烈禮文"，亦朱子之見如此，而非不可易也。以此爲遵，畔乎？不畔乎？蓋此章公孫問仲尼何師，① 子貢謂仲尼無須師，無可師。列聖大道，天縱之所固有也。若仲尼要由師而得者，則典故名物之類。如文武之道亦須問人，然人人可爲仲尼之師，究竟何常師之有？文武之道，猶云國朝典故名物。如此觀之，方見朱注之不可易。愚按，晚村之論最精，蓋使泛論道統，則當就生知天縱言，不當復就師言矣。此朱子所以斷爲"謨訓功烈，禮樂文章"也。遵注而不知其所以然，其畔之也將不旋踵矣。以此推之，豈特讀書爲然？子孫守祖父之法，臣民奉朝廷之制，誠能知其所以然，則雖或誘之使不遵而不能。不然，雖一時行之，未幾而思變焉矣，況又有邪説詖行從而惑之乎？即使幸而未變，亦將拘牽附會，不勝其弊。至於極重難返而不得不變，原其始，皆由知其當然不能知其所以然，故至此也。或曰："世俗之難與深言，久矣。孔子曰'民可使由之，

---

① "公"，"陸子全書本"作"叔"。

不可使知之’，言能知其當然，不能知其所以然也。聖人不能
使之知，而況於後世乎?”曰：“不然。孔子之言，非聽其不
知之謂。”正欲治民者，多方開導以使之知也。蓋民不知其所
以然，則可由，可不由。能由於一時，而不能不畔於異日。
法制雖定，而天下之治亂未可知，此聖人所深憂也。是故庠
序學校之設，月吉讀法之舉，皆所以使之知其所以然也。夫
能知其所以然，然後其所當然者，可以常由而不變。即天下
之民愚智不同，不能盡知，而浸灌之久，務令知者常多，不
知者常少，則亦相與維持夾輔，以共由於大道。雖有蠢然無
知之民，亦安於其所當然而不變。昔周之盛時，無日不教導
其民，開其知覺而去其壅蔽。至於成康之際，則民亦多能知
其所以然，是以風俗淳美。迄幽、平之亂，而先王之遺風尚
在，使當時教導之不切，浸灌之不深，徒責之以當然，而不
使之知其所以然，則豈能根深蒂固，若是之久而不變哉? 後
世不知此旨，非愚民而不使之知，則聽其不知。學校雖設，
而徒爲具文，是以風靡俗頹，法出而奸生，令下而詐起。其
始也，① 民不得已而由之，或陽由而陰違之。其繼也，終歸
於廢弛。扞格而上，亦無如之何。嗚呼，是豈民之果不可使
知耶? 抑聽其不知者之過耶? 夫治民者，束縛之，馳驟之，
欲其一日而曉然於道德之旨，則誠有所不可。若夫漸以引之，

---

① “其始也”，原缺，據“陸子全書本”補。

寬以導之，多方以化之，使其知覺日開日明，因其所當然而
徐悟其所以然。其所以然者日益明，則其所當然者，益鼓舞
而不容已。此三代之所同也，何不可之有？"

羅整庵《祭章楓山文》曰："天高日朗，公之襟懷；地
負海涵，公之問學。德容之溫潤，則甘雨和風；氣象之尊嚴，
則泰山喬岳。"整庵非諛人者，其贊楓山如此。今讀其《諫
煙火疏》，及與羅一峰《論鄉約書》，與鄭御史賀諫議《論孔
顏之樂》，二書非有得於中者不能爲之。當時稱之者，如楊廉
_{楊廉，字方震，成化二十三年進士，①　謚文恪，著《國朝名臣言行録》。}
則曰："在漢東都，不爲危言之叔度；在宋鵝湖，不立異論之
伯恭。"如費宏則曰："其進也，以引君當道爲急；其退也，
以安貧守道爲樂。"邵寶則曰："先生之信朱子，猶朱子之信
周、程，周、程之信孔孟也。故雖未嘗昌言如董，力辨如韓，
然篤信好古，君子與之。"崔銑《洹辭》則曰：②"成化中，
白沙陳獻章學禪而疏，一峰羅倫尚直而率，定山莊昶好名而
無實，獨楓山德行無瑕。"數公之言，大抵皆實録也。論其所
至，當不在整庵之下，但其著述差少，然公嘗曰："先儒之言
至矣盡矣，第删其煩蕪可也。"此一言即可爲萬世著述之法。
薛文清常言：③"自朱子後，性理已明，不必復著書。"程明

---

①　"三"，原作"二"，據"陸子全書本"改。
②　"辭"，"陸子全書本"作"詞"。按，該書書名一般作"洹詞"。
③　"常"，"陸子全書本"作"嘗"。

道、許魯齋未嘗著作，而言道統者必歸焉，蓋亦楓山之意。

　　二程先生，一寬和，一嚴厲。明道嘗謂伊川曰："異日能使人尊嚴師道者，吾弟也。若接引後學，隨人材而成就之，則予不得讓焉。"朱公掞見明道於汝州，歸告人曰："光庭在春風中坐了一月。"① 游定夫、楊中立見伊川。一日，先生坐而瞑目，二子立侍不敢去，退則門外雪深尺餘矣。明道每與門人講論，有不合者，則曰"更有商量"，伊川則直曰"不然"。二先生氣象不同如此，然不可以此遽議優劣。寬和有寬和好處，嚴厲有嚴厲好處。至以其立朝言之，明道能使荊公服其忠信，而伊川不能使子瞻不詆爲奸險，亦非二程之有優劣，蓋荊公尚能容明道，而子瞻不能容伊川也。至以其論學言之，《語録》中明道言"居敬"處多，伊川言"窮理"處多。如"以記誦博識爲玩物喪志"，如曰"有天德便可語王道，其要只在慎獨"，如曰"學只要鞭辟近裏，著已。質美者明得盡，渣滓便渾化，卻與天地同體，其次惟莊敬持養"，曰"學者須先識仁。仁者，渾然與物同體。識得此理，以誠敬存之而已"，則皆明道之言也。如曰"涵養須用敬進，學則在致知"，曰"今日格一件，明日又格一件"，則皆伊川之言也。故近世講良知者，② 多喜言明道而抑伊川，不知二先

---

① "中"，原缺，據"陸子全書本"補。
② "講"，"陸子全書本"作"談"。

生之學一也。"窮理""居敬"，必無偏廢之理，特記之者有詳略耳。伊川嘗謂張繹曰："我昔狀明道先生之行，我之道蓋與明道同。異時欲知我者，求之於此文可也。"此程門鐵案也。後人奈何以己意而妄分優劣乎？必欲分焉，則有之矣。朱子曰："明道説話超邁，不如伊川説得的確。"又曰："明道語弘大，伊川語親切。"又曰："明道渾然天成，不犯人力；伊川工夫造極，可奪天巧。"又曰："明道可比顏子。若孟子才高，恐伊川未到孟子處。伊川收束檢制，孟子卻不能到。"又曰："其道雖同，而造德各異。明道所處，是大賢以上事。學者未至而輕議之，恐失所守。伊川所處雖高，然實中人皆可企及。學者當以此爲法。"又曰："大程當識其明決中和處，①小程當識其初年之嚴毅，晚年又濟以寬平處。"合朱子數條觀之，則知明道天資高於伊川，伊川學力所至，不讓明道。學者當學明道，尤當學伊川。明道有優於伊川處，伊川亦有優於明道處。

明道謂"志動氣者什九，氣動志者什一"，愚謂明道猶就學者言之耳，若愚不肖之人，氣動志者反居什九。

二程論治皆以立志爲先。明道《上殿札子》則曰："君志定而天下之治成。"曰："以聖人之训爲必當從，以先王之治爲必可法。不爲後世駁雜之政所牽制，不爲流俗因循之論

---

① "決"，"陸子全書本"作"快"。

所遷惑。"伊川《上英宗及太皇太后書》則曰："君志立而天下治。"曰："以聖人之言爲必可信，先王之治爲必可行。不狃滯於近規，不遷惑於衆口。"二先生之言如一，[①] 誠以天下之本莫先於此也。孟子謂大人當先格君心之非，然定志又當在格君心之先。[②] 若在熙寧、元豐之間，則又不可如此論矣。

伊川看詳學制凡數十條，朱子作《伊川年譜》特表數條。一曰改試爲課。謂學校禮義相先之地，而月使之爭，終非教養之道，[③] 請改試爲課，有所未至，則學官召而教之，更不考定高下。一曰制尊賢堂，以延天下道德之士。謂如胡瑗、張載、邵雍之輩，有如此之人至於京師，則長貳造門求見，延請居於堂中，不獨學者得以矜式，又以見長貳之爲教，不敢足諸己。既上求古之人，復博采今之士，取善服義，如恐不及，乃爲教之大本，化人之要道，無其人則虛之。一曰鐫解額，以去利誘。謂太學解額五百人，當有萬餘人奔湊，使萬餘人捨父母之養，忘骨肉之愛，往來道路，旅寓他土，人心日偷，士風日薄，所費財幾何？所破産幾何？少年子弟遠父兄而放蕩者幾何？父母骨肉離別悲念以至失所者幾何？以萬餘人聚之京師，弊害不可勝言。今欲如嘉祐以前量，留一百人解額，以待在學者取應，餘四百人分在州郡解額窄處，

----

① "之"，"陸子全書本"作"所"。
② "君"，"陸子全書本"無此字。
③ "終"，"陸子全書本"作"殊"。

自然士人各安鄉土，養其孝愛之心，息其奔趨流浪之志，風俗亦當稍厚。一曰省繁文，以專委任。謂案文責迹，有司之事，非庠序育材論秀之道。三舍升補，舊專據文簿計校等差。今立法，只委長貳以公議推擇，但取學行才器堪爲時用者聞於朝廷，更不須繁文。一曰勵行檢，以厚風教。謂朝廷欲厚風教，必自士人始。近世士風薄惡，士人不修行檢，或無異於市井小人，朝廷未嘗有法，以教勵檢束之也。今立法，舉人及仕宦家子弟鬥毆使酒等，本監采察，牒開封府，或本貫施行。又立觀光法，四方士人願觀光者，掌儀引入，游覽堂舍，觀禮儀，聽絃誦，惟不得入齋。此數條皆非漢唐學校規模。又置待賓吏師二齋，亦《年譜》所載，集中不詳其制。①

伊川《經筵三札》，不特輔導人主，人家教子弟者皆不可不知。

明道《秋日偶成》一律，② 真所謂“漆雕開已見大意”。首云“閒來無事不從容，睡覺東窗日已紅”，此言素位不願外之意。下遂言其所見曰“萬物靜觀皆自得”，此言萬物皆備於我。“四時佳興與人同”，此言以萬物爲一體。曰“道通天地有形外，思入風雲變態中”，此言致廣大而盡精微也。“富貴不淫貧賤樂”，此言至誠無息也。結曰“男兒到此是豪

---

① “又置待賓吏師二齋亦年譜所載集中不詳其制”，“陸子全書本”作小注。
② “明”上，“陸子全書本”有“讀”字。

雄”，此是謙詞，有吾斯未能信之意，又以見世之所謂豪雄者不足爲豪雄也。

大程云：“極高明而道中庸，非二事，中庸乃高明之極。”此與居敬行簡、克己復禮、閑邪存誠一例，朱子皆分爲兩截，程子皆合爲一事。非相悖也，程子自其合者言之，朱子自其分者言之，正相發明。若象山、陽明，亦皆欲合爲一事，其意便不同。譬諸修屋，程子止言修屋則修牆在其中，蓋牆即屋之牆，恐人認爲二物也；朱子則言修屋，又言修牆，恐人只知屋忘卻牆也。言雖不同，其實一也。若象山、陽明，則只要修屋不要修牆。

朱子雖極推崇二程，然亦不諱其病，如曰：“伊川之學，於大體上瑩徹，於小節目上猶有疏處。康節能盡得事物之變，卻於大體上有未瑩處。”又曰：“伊川説‘仁者，天下之公’，大段寬而不切，不如橫渠説‘心統性情’説得的當。伊川謂鬼神者造化之迹，不如橫渠所謂二氣之良能也。”又曰：“和靖見伊川，半年方得《大學》《西銘》看，此意思也好也有病。”又曰：“明道説靜坐可以爲學，此説終是小偏。”又曰：“程門高弟，如謝上蔡、游定夫、楊龜山輩，皆入禪學去，必是程先生當初説得高了，故流弊至此。”於此可見朱子之細心。

朱子謂理不離乎氣，亦不雜乎氣，此言理氣之一而二也。

明道謂形而上爲道，① 形而下爲器，須着如此説，器亦道，②
道亦器。又曰："陰陽亦形而下者，而曰道者，惟此語截得上
下最分明，原來只此是道。"此是理氣之二而一也。③ 程朱之
説本合，整庵乃謂理氣一物不容分，而不滿於朱子之説，何
耶？林次崖言理一分殊，理與氣皆有之，以理言則太極理一
也，健順五常其分殊也；以氣言則渾元一氣理一也，五行萬
物其分殊也。此一段發明程朱理氣之説最明，而整庵謂其未
睹渾融之妙亦過矣。又朱子以發於形氣者爲人心，發於義理
者爲道心。體用動靜，道心人心皆有之，此不易之理，而整
庵謂道心，性也，性者，道之體；人心，情也，情者，道之
用。其説殊難通。又以宋儒分本然之性、氣質之性，一性而
兩名，疑其辭之未瑩，而謂不若以理一分殊言性較似分明，
此皆整庵立説之異處，總由不知理氣之分也。整庵知心性之
分，而不知理氣之分不可曉。《學約》載整庵一條云："靜則一，動
則萬殊，未發之中安有不善？惟發未必皆中節，此善惡之所以分，不謂之
萬殊而何？此即以道心人心分屬性情之意也。"④

　　夫子答子夏問孝而曰"色難"，愚嘗思之，豈獨事親爲
然哉？凡人處世，言行之差猶易檢點，言行雖未嘗有差，而

---

① "謂"，原缺，據"陸子全書本"補。
② "器"，原作"氣"，據"陸子全書本"改。
③ "是"，"陸子全書本"作"言"。
④ "學約載整庵一條"至"分屬性情之意也"五十八字，原缺，據"陸子全書
本"補。

聲音顏色之間爲人所厭惡而不覺，即人未必厭惡而有可厭可惡之理，此最難檢點，非主敬存誠未易變化。

居官有不當煩者，有不當憚煩者。如柳子厚《郭橐駝傳》所言，此不當煩者也。如小民有犯法而罪不至死者，官府既罪而釋之，即置之度外，豈能必其格心哉？或逆料其不格而斃之杖下以示威於衆，則又殺之不以其罪。聞顧公國寶宰吾邑時，民有犯賭博、偸盜、不孝諸罪者，既如律治之則記於册，朔望召其父兄鄰里而詢之能改過否，不蹈前轍否，衆皆言其無他也，則喜而遣之，莫對則量笞之。此法甚善，民之善惡，官府常能記憶而教導懲戒之，則自然而格。① 此不當憚煩者也。

宗子無子，無期功兄弟之子可以爲宗子後者，而有期功之兄弟，將使期功之兄弟奉宗祀乎？抑將別推緦麻兄弟之子以爲宗子後乎？使期功之兄弟奉宗祀，則是宗子無後也；使緦麻兄弟之子爲宗子後，則是宗子之祖若父有子孫而不使之奉祀，乃使非其子孫奉祀也：二者無一可矣。然則當如之何？曰：繼宗子與繼支子不同也。繼支子者，以支子爲主，苟其昭穆之順焉，則使繼之可也。繼宗子者當以祖爲主，② 苟其祖之子孫未絕，則固不得舍其祖之子孫而使非祖之子孫祀其

---

① “而”，“陸子全書本”作“漸”。
② “者”，“陸子全書本”無此字。

祖也。天子、諸侯與士庶之家，貴賤雖懸絶，至於宗法則一
也。假令武王無子，將使周公承文王之統乎？抑將使太伯、
虞仲、虢仲、① 虢叔之子若孫承之乎？令成王無子，將使唐
叔承武王之統乎？抑將使伯禽之子承之乎？漢之孝惠、孝文，
明之武宗、世宗，皆此義也。以此觀之，繼宗之議可決矣。

《吾學編》以胡敬齋、陳剩夫陳剩夫，名真晟，字晦德，漳州
布衣，天順二年，詣闕獻書。附於陳白沙之傳，此其失莫甚焉。
敬齋雖與白沙同游吳康齋之門，然其學固非白沙所及。陳剩
夫著《程朱正學纂要》，雖其教人專一靜坐，陳清瀾謂其學
識未及胡敬齋，只是狷介之士，然亦非白沙禪學之比，而乃
以二公附白沙之傳哉？若賀克恭之執弟子禮事白沙，肖其象
懸室中，② 以附白沙傳，可也。賀克恭，名欽，成化二年進士，官
至給事中，有《醫閭先生言行録》八卷。③

《吾學編》論王陽明曰：④ “今人咸謂公異端陸子靜之流，
子靜豈異端乎？公所論叙古本《大學》《傳習録》諸書具在，
學者虛心平氣，反覆融玩，久當見之。”鄭公左祖陽明如此，
宜其屈敬齋於白沙之下也。

《吾學編》：“永樂二年，饒人朱季友獻所著書，詆宋儒，

---

①　“虢仲”，“陸子全書本”無此二字。

②　“懸室”，原作“縣空”，據“陸子全書本”改。

③　“賀克恭”至“先生言行録八卷”二十六字，原缺，據“陸子全書本”補。

④　“吾學編論王陽明曰”，本段原緊接上文，據“陸子全書本”另分一段。

楊文貞公士奇請毀季友書。上敕行人錮季友至饒，大會藩臬郡縣吏民撻季友，盡毀其家所著書。”當時朝廷扶持正學，如此宜士習之日端也。”亦見《通記》。

　　劉晏於揚子置十場造船，每船給錢千緡。或言：“所用實不及半，虛費太多。”晏曰：“不然。論大計不惜小費，凡事必爲久遠之慮。① 今始置船場，執事者至多，當使之私用無窘，則官物堅好矣。異時有患吾給錢多，② 減之過半，則不能運矣。”至咸通中，有司計費而給，無羨餘，船益脆薄易壞，漕運遂廢矣。宋初荊湖南、北，江東、西漕米至真、揚下卸，即載鹽以歸，交納有剩數，則官以時值售之。舟人皆私市附載而行，陰取厚利，故以船爲家，一有罅漏則隨補葺之，爲經遠計。太宗嘗謂侍臣曰：“倖門如鼠穴，不可塞。篙工柂師有少販鬻，但無妨公，不必究問。”非洞見民隱，何以及此？自鹽法變而回綱無所得，敗舟亡卒處處有之，轉爲賊盜，③ 不可勝計。此二事，楊龜山嘗舉以告欽宗。有國有家，皆不可不知此。

　　明則誠可學，誠則明不可學也。學爲誠明，則如告子之不動心，荊公之自謂能不以外物累其心而已。

　　聖賢言心有與事對言之者，有包事而言之者。如孟子之

_____

　　① “久遠”，“陸子全書本”作“永久”。
　　② “吾”，原作“苦”，據“陸子全書本”改。
　　③ “賊盜”，“陸子全書本”作“盜賊”。

言“仁心”“仁政”，此以心與事對言之者也，《牽牛章》言
心則包事而言之者也。有與理對言之者，有包理而言之者。
如《論語》“回也，其心三月不違仁”，此以心與理對言之者
也。如《孟子》“學問之道無他，求其放心而已矣”，此包理
而言之者也。敬義亦然，龜山云：“‘敬以直內，義以方外。’
敬與義本無二，所主者敬，而義則自此出焉，故有內外之辨，
其實義亦敬也。故孟子之言義，曰‘行吾敬’而已。”

觀子產不與韓宣子環，則藺相如之完璧不足道矣；觀行
人子羽卻楚圍之入，則相如澠池之會非萬全之策矣。龜山以
相如爲暴虎馮河之徒，信然。

龜山謂周勃起布衣，蓋椎樸鄙人，以其厚重故可屬大
事，① 則天下重任固非狷忿褊迫者所能勝也。武帝時，淮南
王欲反，獨畏汲黯之節義，至論公孫弘輩若發蒙爾。夫汲黯
之直爲天下敬憚如此，予獨疑其狷忿褊迫。臨大事不能無輕
動，輕動則失事機，難與成功，故武帝謂古有社稷臣，黯近
之矣。其有得於此乎？龜山此條，即大程不欲掇拾臣下短長
家法。顧涇陽自謂持濂洛關閩之清議，恐尚未見及此，又或
問：“以匹夫一日而見天子，天子問焉，盡所懷而陳之則事必
有窒礙者，不盡則爲不忠，如何？”龜山曰：“事必須量淺
深。”孔子曰：“信而後諫，未信則以爲謗己也。”《易》之

---

① “厚重”，“陸子全書本”作“重厚”。

《恒》曰“浚恒，凶”，此恒之初也，故當以漸，而不可以浚，浚則凶矣。假如問人臣之忠邪，遽與之辨別是非，則有失身之悔。君子於此但不可以忠爲邪，以邪爲忠，語言之間故不無委曲也。至於論理則不然，如惠王問孟子“何以利吾國”，則當言“何必曰利”，不直則道不見。此一條與論汲黯意思同。

　　夫子謂辭達而已矣，然必先明理養氣，然後所達者皆温柔敦厚、光明正大之言，不然亦自達其所見，而非夫子所謂達也。龜山謂子瞻詩多譏玩，無惻怛愛君之意，荆公在朝論事多不循理，惟事爭氣，此不知温柔敦厚也。又二公所見皆非中道，此不知光明正大也。是皆非不能達之病，病在不能明理養氣。

　　荆公在上前爭論，或爲上所疑，則曰：“臣之素行，似不至無廉恥，如何不足信？”龜山謂論事當問事之是非利害如何，豈可以素有廉恥劫人使信己也？今人如此劫人者甚多，君子不可不知戒。且吾言而人不信，正當内自省，必吾平日之誠信未足服人耳，如何反以此劫人？

　　龜山謂郭汾陽不問發墓之人，雖古之齊物我者不能過。愚謂汾陽此事未盡善，發墓亦不可不問，但當問之有方，不可逆億以啓釁及株連無辜耳。或知其人而有社鼠城狐之嫌，則問而不窮治可也。

　　回也，其心三月不違仁，聖人何從知之？必也其徵之言行乎。視聽言動之間，博文約禮之際無違焉，則心無違矣。聖人之觀人，猶良醫之視病，見其表知其裏。

愚嘗有告子、陽明之辨，曰："時説謂告子守其空虛無用之心，不管外面之差失，因目爲禪定之學，其實非也。告子乃是欲守其心以爲應事之本，蓋近日姚江之學爾然。既不能知言養氣，則其所守之心亦何能以應事？故猶自覺有不得處。雖有不得，彼終固守其心，絶不從言與氣上照管，殆其久也，則亦不自覺有不得而冥然悍然而已。以冥然悍然之心而應事，則又爲王介甫之執拗矣。故告子者始乎陽明，終乎介甫者也。大抵陽明天資高，故但守其心亦能應事，告子天資不如陽明，則遂爲介甫之執拗矣。介甫不知治其心而執拗者也，告子徒治其心而至於執拗者也。然則學陽明者，其弊必至於執拗乎？是又不然。如告子天資剛強，故成執拗，若天資柔弱者則又爲委靡矣。故爲陽明之學者，強者必至於拗，弱者必至於靡。然陽明之徒亦認告子爲老莊禪定之學，謂告子不得於心，勿求於氣，如種樹者，專守其本根，不求其枝葉。若孟子言'志至氣次'，是謂志之所至，氣必從焉，則知養其本根而枝葉自茂，與告子之勿求者異矣。噫！孰知陽明之所以言孟子者，乃正告子之所以爲告子也歟？"呂用晦見而評之曰："百餘年以來，邪説橫流，生心害政，釀成生民之禍，真范寧所謂'波蕩後生，使搢紳翻然改轍，至今爲害，其罪深於桀紂'者。雖前輩講學，先生亦嘗心疑之，然皆包羅和會，而不敢直指其爲非，是以其障益深而其禍益烈。讀此爲之驚嘆，深幸此理之在天下終不得而磨滅，亦世運陽生之一機也。至謂陽明天資高，但守其心亦能應事，即朱子謂‘禪家行得好，自是其資質好，非禪之力’意。然如朱子所稱，必富鄭公、呂正獻、陳忠肅、趙清獻諸公乃可謂之行得好耳。按，陽明所爲皆苟且僥倖，不誠無物，吾未見其能應事也。觀其通近侍，結中朝，攘奪下功，縱兵肆掠，家門乖舛尤甚，皆載在《實録》，可考而知也。《實録》稱其性警敏，善機械，能以學術自文，深中其隱矣。”陽明事迹更當考史料《二史考》。用晦之論陽明，比余更嚴然，非刻論也。用晦又曰：“凡論佛者，曰‘我不佞佛，亦不闢佛’，此必深於佞佛者也；曰‘我不入君子黨，亦不入小人黨’，此必深於媚小人者也。故凡謂朱、陸無異同，及陽明之於朱子有合一處者，皆異端之徒。”陰陽惑亂之術不可不辨，此論尤精。①

---

① “呂用晦見而評之曰”至“此論尤精”，“陸子全書本”無此三百七十二字。

卷　三

　　《朱子集》中吳伯豐問："《孟子序説》引《史記》列傳以爲《孟子》之書孟子自作。《韓子》曰：'軻之書，非自著。'先生謂二説不同，《史記》近是。而於《滕文公》首章'道性善'，注則曰：'門人不能盡記其詞。'又於第四章'決汝漢'處注曰：'記者之誤。'不知如何？"朱子答云："前説是，後兩處失之。熟讀七篇，觀其筆勢，如鎔鑄而成，非綴緝所就也。"按今《孟子注》仍是伯豐所引，則知朱子於《集注》未及改者亦有矣，然其大本處則必無差，非姚江之徒所可藉口也。

　　朱子《答劉仲升書》謂："平日不曾仔細玩索義理，不識文字血脈，別無証佐考驗，但據一時自己偏見便自主張，以爲只有此理，更無別法；只有自己，更無他人；只有剛猛剖決，更無溫厚和平。一向自以爲是，更不聽人説話。"此固未論其所説之是非，而其粗屬激發，已全不是聖賢氣象矣。譚梁生《見聖編》，其病正自如此。見五十三卷。

　　朱子《答項平父書》謂："告子之病，蓋不知心之慊處即是義之所安，其不慊處即是不合於義，故直以義爲外而不求今人。因孟子之言卻有見得此意而識義之在内者，然又不知心之慊與不慊，亦有必待講學省察而後能察其精微者，故於學聚問辨之所得，皆指爲外而以爲非義之所在，遂一切棄置而不爲。此與告子之言雖若小異，然其實則百步五十步之間耳，以此相笑是同浴而譏裸裎也。”按，愚向直以告子作象山、陽明之流，今觀朱子此條，則又見其小異處。見五十四卷。

《蒙引》一書大有功於先儒，如程子云“性即理”也，《蒙引》曰：“性即理也，指心中之理也，故爲性，不然何處不是？”此言豈不大有功於程子乎？

胡世寧在弘治間言風俗之弊，① 曰：“朝士安於豢養，狃於因循，廉節掃地，趨媚成風。以通達爲高致，以廉退爲矯激，以推委避事爲老成，② 以黨惡和光爲忠厚。其羣居言議所及，心志所向，不曰升官，則曰成家。其有語及國事當憂、民瘼當恤者，則衆怒羣猜，百舌排斥，不曰生事，則曰好名，使必無所容身而後已。”愚嘗三復斯言，自古風俗之弊莫不皆然，但有輕重淺深之不同耳。有志世道者，可一日而忘挽回之方哉？

《史記》載晏嬰沮孔子之言，曰：“夫儒者滑稽而不可軌

---

① “間”，“陸子全書本”作“時”。
② “委”，原作“姦”，據“陸子全書本”改。

法，倨傲自順，不可以爲下；崇喪遂哀，破産厚葬，不可以爲俗；游説乞貸，不可以爲國。自大賢之息，周室既衰，禮樂缺有間。今孔子盛容飾，繁登降之禮，趨詳之節，纍世不能殫其學，窮年不能究其禮。君欲用之以移齊俗，非所以先細民也。”司馬温公、金仁山皆疑晏子之賢未必有此事，然朱子於《論語序説》雖削去其語，而仍載其事，則未嘗以爲無也。明末有王革論之最詳，曰：“晏子學於墨氏而精其術，是故見吾夫子之祭必豐腆也，則以爲不若豚肩不掩豆之爲愈也。見吾夫子之衣以裼裘也，則以爲不若一裘三十年之爲愈也。見吾夫子之飲食多不苟也，則以爲不若食無兼味之爲愈也。見吾夫子之親喪自盡而袝於内外者，必誠必信也，則曰崇喪厚葬不可以爲俗也，而不知以薄爲道之流於忍也。見我夫子之急於濟時而周流四方也，則曰游説乞貸，不可以爲國也，而不知如其道則傳食諸侯不爲泰也。見其巽與之言則謂之滑稽，而不知欲人之易從也。見其直道事人則謂之倨傲，而不知持身之不可苟也。見其動容周旋皆中乎禮，則謂其盛容繁飾，而經年纍世不能殫且究也，而不知苟簡鄙陋君子以爲固也。”此一段可爲定論。愚謂夫子之於晏子、老子，猶朱子之於象山，道雖不同而不嫌於交好。

晏子、子西同沮孔子，然晏子之沮是因其學術之僻，若子西則曰：“王之使使諸侯有如子貢者乎？王之輔相有如顔回者乎？王之將帥有如子路者乎？王之官尹有如宰予者乎？孔丘得據土壤，賢弟子爲佐，非楚之福也。"純是私意，兩人相去又甚遠。

《史記》《檀弓》皆載孔子負杖逍遥，歌泰山梁木之事。吳澄曰："此妄也。聖人德容，始終如一，至死不變。今負手曳杖，逍遥於門，動容周旋中禮者，不如是也。聖人樂天知命，視死生若晝夜，① 豈自爲歌詩以悲其死，且以'哲人'爲稱，又以'泰山''梁木'爲比？若他人悲聖人之將死而爲此歌詞則可，聖人自爲此歌而自比，② 乃若是妄也。蓋是周末七十子以後之人撰造爲之，欲表聖人之預知其死，將以尊聖人，而不知適以卑之也。"草廬此論，言聖人生死之際甚明白，若如《史記》《檀弓》所載，則孔子之臨没，不如曾子之啓手足易簀遠矣。

"危邦不入，亂邦不居"，不容看得容易，③ 有多少牽制，多少逼迫，自人視之，皆是不得不入，不得不居之勢，卻能擺脱，所以非有學有守者不能。

宋儒薛士龍云："好名特爲臣子學問之累，人主爲社稷計，惟恐士不好名。"

"無爲其所不爲，無欲其所不欲"，亦不要看得容易，須要在事勢牽制中放出力量來，方能如此。

---

① "若"，"陸子全書本"作"如"。
② "比"下，"陸子全書本"有"之"字。
③ 上"容"字，"陸子全書本"作"要"。

子夏云："出見紛華靡麗而悦，① 入聞夫子之道而樂，二者心戰，未能自決。"能戰即是好機括，今人俱望風而靡，何嘗能戰？但與紛華靡麗戰猶易，與貧窮困厄戰卻難，故須要在此處爭個勝負，方是真能無爲所不爲，無欲所不欲。

朱子没而門人各記其所聞之語殆百餘家。蜀士李道傳字貫之。始取三十有三家，刻之於池州，爲《語録》。其弟李性傳又取四十有二家，刻之於饒州，爲《續録》。建安蔡抗又取二十三家，刻之饒州，爲《後録》。莆田王士毅字子洪。又因而類分之曰《語類》，刻於蜀。東陽王佖字元敬。又爲《續類》，刻於徽州，凡三録二類。五書者並行而錯出，不相統一。景定癸亥，導江黎靖德始合五書而參校之，去其重複謬誤，因士毅門目以類附焉，而名曰《語類大全》，凡一百四十卷。② 其後又取建安所刻天台吳堅《別録》附入焉，於是文公遺語始備然。蔡公抗《後録序》云："先師又有親自删定，與先大父西山講論之語及性與天道之妙，名曰《翁季録》者，久未得出以流行於世。豈斯文之顯晦固自有時乎？"則朱子之語爲《語類》所未載者亦有矣，古今立言之多莫盛於斯矣。

朱子謂《乾・彖辭》文王《易》本是作"大亨利貞"，只作兩字説，孔子見這四字好，便挑開説了，所以某嘗説

---

① "靡麗"，原缺，據"陸子全書本"補。
② "一"，原缺，據"陸子全書本"補。

《易》難看。愚按，此即賦詩斷章之意，在聖人亦不過偶一爲之，若學者著書，自當謹守章句，不可穿鑿附會，藉口聖人。

朱子論天，謂“要知得他有心處，又要見得他無心處”，故程子云：“天地無心而成化。”又云：“天地之常，以其心普萬物而無心。若止説得他無心處，則《易》所謂‘《復》其見天地之心’‘正大而天地之情可見’，程子所謂‘以主宰謂之帝，以性情謂之乾’又如何？心便是他主宰處。”此一條楊道夫所記，説“天”字最周密。又沈僩所記有云：“經傳中，‘天’字有説蒼蒼者，有説主宰者，有單訓理者亦明。”

《語類》云：“孟子説性善，但説得本原處卻不曾説得氣質之性，所以亦費分疏。諸子説性惡與善惡混。使張程之説早出，則這許多説話自不用紛爭。故張程之説立，則諸子之説泯矣。”愚謂孟子言“形色，天性也”，未嘗不言氣質，氣質之説非起於張程，此一條似有可商。

朱子論讀書之法，謂“始初一書費十分工夫，後一書費八九分，後則費六七分，又後則費四五分矣”，此即所謂勢如破竹，數節之後，迎刃而解。

《語類》謂顔子亦只是持敬，與《集注》“乾道”“坤道”之説不同。《集注》是分言之，《語類》是合言。合言之則克己復禮，亦止是持敬之至。見卷十二。

　　朱子論致知格物，謂游、楊“諸公所聞於程子者語意不全，① 或只聞一時之語，所以其說多差。後來卻是集諸家語録，此段工夫方始渾全。則當時門人親炙者未爲全幸，生於先生之後者未爲不幸”。然則生於朱子之後者，得見朱子之全書而折衷《語類》云：“折衷是折兩頭而取其中之義。”② 之亦未爲不幸也，但不可自鹵莽耳。見《語類》十八卷。③

　　唐以前儒者皆以愛言仁，自程子曰“偏言則一事，專言則包四者”而人始知愛不足以言仁。自程子之後，儒者又多離愛言仁，自朱子曰“仁者，心之德，愛之理”而人又知仁非即愛，亦不離愛。言仁之説，於是始精然。此等處，不看《語類》不知程、朱用心之苦。若無程子之説，則言仁者日流於淺近；若無朱子之説，則言仁者又日流於高遠，無理會處。

　　孔子於魯人獵較可從而女樂必行者，一則是由剥而復之機，一則是由復而剥之機也。聖人之審機，精矣。《語類》曰“天下無道，譬如天之將夜，雖未甚暗，然自此只向暗去，④ 知其後來必不可支持，故亦須見幾而作”，正此之謂。

---

①　“游楊”，“陸子全書本”作“楊游”。
②　“語類云折衷是折兩頭而取其中之義”，“陸子全書本”無此十五字。
③　“見語類十八卷”，“陸子全書本”無此六字。
④　“只”，“陸子全書本”作“則”。

《語類》謂："泰伯之心，即夷齊叩馬之心。①太王之心，即武王孟津之心。二者'道並行而不相悖'。然聖人解泰伯爲至德，②謂武爲未盡善，亦自有抑揚。蓋泰伯、夷、齊之事，天地之常經，而太王、武王之事，古今之通義，但其間不無些子高下。若如蘇氏用三五百字罵武王非聖人，則非矣。"按，朱子、東坡同有不滿武王之意，而其語氣相去霄壤。讀此一條，可以悟修辭之法。

《語類》謂："詩者，古人所以咏歌性情，當詩人一歌咏其言，③便能了其義，故善心可以興起。今人須加訓詁，方理會得，又失其歌咏之律，如何一去看著，便能興起善意？以今觀之，不若熟理會《論語》，方能興起善意也。"愚謂讀《論語》固能興起善意，然聖言簡略，又不若《小學》《近思錄》《朱子行狀》尤能使人興起善意。

嘉善周永則先生嘗作《戒謔箴》，曰："莫道是詼諧，其實是輕薄，被人包容甚於戮辱。"愚每三復此言。

文文山《御試策》云："今之士大夫之家，有子而教之。方其幼也，則授其句讀，擇其不戾於時好，不震於有司者，俾熟復焉。及其長也，細書爲工，纍牘爲富。持試於鄉校者，以是。較藝於科舉者，以是。取青紫而得車馬也，以是。父

---

① "夷齊"，"陸子全書本"作"伯夷"。
② "解"，"陸子全書本"作"稱"。
③ "詩"，"陸子全書本"作"時"。

兄之所教詔，師友之所講明，利而已矣。其能卓然自拔於流俗者，幾何人哉？心術既壞於未仕之前，則氣節可想於既仕之後，以之領郡邑，如之何責其爲卓茂、黄霸？以之鎮一路，如之何責其爲蘇章、何武？以之曳朝紳，如之何責其爲汲黯、望之？奔競於勢要之路者，無怪也；趨附於權貴之門者，無怪也；牛維馬繫，狗苟蠅營，患得患失，無所不至者，無怪也。”言舉業之弊最爲痛切。

文文山《御試策》云：“有一分之道心者，固足以就一分之事功。有一分之人心者，亦足以召一分之事變。世道污隆之分數，① 亦係於理欲消長之分數而已。”此即召公所謂“細行不謹，終累大德”，伊尹所謂“爾惟不德罔大”也。

嘉靖時不惑於異學者，崔銑子鍾崔銑，一字仲鳧，官至南部侍郎，謚文敏，安陽人。亦其一人也。余曾見其所著《洹詞》，侃侃言之曰：“聖王在上，諸臣宜務實德以贊休治。乃尊陸氏，彼集中書尺誇伐憤戾，非德人之詞，學者習之，不亦長輕而助蕩乎？泰和整庵羅公斥象山之訛，一言蔽之曰‘認心爲性’。渭崖霍氏章權而句抉之，然後陸氏之爲異端莫遁也。”又曰：“儒道衰於我代，前輩若薛文清、吳康齋、胡叔心三子造詣各等，然篤學修身，庶哉儒矣！② 成化中，乃有陳白沙

---

① “污隆”，“陸子全書本”作“隆污”。
② “哉”，“陸子全書本”作“幾”。

起於嶺嶠，失志科場，乃掇異學之緒，炫以自居，槁首山樊，坐收高譽。近日效之者，變異橫發，恬亡顧憚。"① 此等正論，亦嘉、隆以來所罕見者。崔公論他事亦多見道之言，其論楊東里曰："當宣德、正統之間，其君子有爲之時乎？其民樸，其君任人，其奢淫不萌，其賞罰行而不謹欬也，東里公乃日與其僚嬉燕，《晋書》《唐律》是攻是炫？孟子曰：'國家閒暇，及是時，明其政刑。'諸公而知此道，安有己巳之狩，庚午之易儲，丁丑之倖功耶？"其論周文襄曰："文襄其知巧之才耶，非可與語裕民之政也。民共正賦已竭力矣，奚從而有餘米？括餘米而曰薄賦，則朝四暮三愚弄其民而已。餘米豐衍，乃奉貴宦結交游修。釋子之宫，濫費生民之膏血。蘇人幸寬目前，乃忘其厲己而祠之，追觀漢臣之富民力農也，唐臣之生財善賈也，君子弗貴，曰'君不志道而富之，只以長其侈汰'，② 況文襄者，曷足多哉？"其論羅一峰曰："李文達奪情而相非義也，然出於新皇眷倚之篤，非文達求之也。羅氏勸君，遂賢之請可矣，乃襲宋士詆嵩之文，醜言過斥，何歟？"其言皆卓然。崔子鍾謂景皇帝易儲時，③ 或譏薛文清之隨。正德戊辰，銑與修《實録》得見《國史》，文清以正統己巳起丞大理，督餉於滇，景泰辛未歸朝，壬申升南理卿，

---

① "恬亡顧憚"，"陸子全書本"作"恬無忌憚"。
② "汰"，原作"大"，據"陸子全書本"改。
③ "時"，原缺，據"陸子全書本"補。

署狀時，公不與焉，亦無銜名。此亦誦法文清者所不可不知。①

《語類》中論克己有吴雄所載一條，云："或曰：若是人欲則易見，但恐自説是天理處，卻是人欲，所以爲難。曰：固是如此。且從易見底克去，又卻理會難見底。如剥百合，須去了一重，方始去那第二重。今且將'義''利'兩字分個界限，緊緊走從這邊來。其間細碎工夫，又一面理會。如做屋柱一般，且去了一重粗皮，又慢慢出細。今人不曾做得第一重，便要做第二重工夫去。如《中庸》説'戒慎乎其所不睹，恐懼乎其所不聞。莫見乎隱，莫顯乎微，故君子慎其獨'。②此是尋常工夫都做了，故又説出向上一層工夫，以見義理之無窮耳。不成'十目所視，十手所指'處不慎，③便只去慎獨，④無此理也。"愚因此悟《大學》八條目俱是尋常工夫，惟《誠意》章"慎獨"二字是漸説到向上工夫，⑤非慎獨即誠意也。⑥蓋意之發有人所共知者，亦有己所獨知者。

《語類》曰："'色取仁而行違，居之不疑'，與鄉原不同，此是大拍頭做，要壓倒人，鄉原卻是不做聲不做氣，陰

---

① "所"，原缺，據"陸子全書本"補。
② "慎"，原作"謹"，據"陸子全書本"改。按，《中庸》原文如此。
③ "慎"，原作"謹"，據"陸子全書本"改。
④ "慎"，原作"謹"，據"陸子全書本"改。
⑤ "慎"，原作"謹"，據"陸子全書本"改。
⑥ "慎"，原作"謹"，據"陸子全書本"改。

沈做罪過底人。二者皆是要譽，但一個是向前去做，一個是退後來做。”① 按朱子之意，是以居之不疑爲近於無忌憚之小人，此是就子張身上説。子張雖非小人，然是此一邊氣習，極其流必至於此。

“善人教民七年”，《集注》謂：“教民者，教之以孝弟忠信，務農講武。”《語類》謂：“司馬温公嘗行保伍之法，春秋教習，以民爲兵。後來所教之人歸，更不去理會農務生事之屬，只管在家作鬧，要酒物喫，其害亦不淺。古人兵出於民，卻是先教之以孝弟忠信，而後驅之於此，所以無後來之害。”按此則言講武於今日，豈易言哉？温公猶如此，而況他人乎？所以夫子言足兵必本於信，子路言勇必曰知方。

《語類》徐寓問明道言：“學者須先識仁。識得仁，以敬養，不須防檢。”曰：“未要看此，不如且就‘博學篤志，切問近思’做去。”朱子之言如此，乃自嘉、隆以來，談良知者莫不藉口明道“識仁説”，是豈善讀先儒之書者乎？

孟子議論最高處在知大小，能詳其大而略其小，如《文王之囿方七十里章》。朱子曰：“其意只主在風齊宣王爾。若文王之囿果然縱一切人往，則雖七十里之大，不過幾時亦爲赤地矣，又焉得有林木鳥獸之長茂乎？周之盛時，雖天下山林猶有厲禁，豈有君之苑囿反縱芻獵恣往而不禁乎？亦無是

① “後”，原缺，據“陸子全書本”補。

理。漢武帝上林苑只有二三十里，當時諸臣已皆以爲言，豈有文王之圃反如是之大？"《蒙引》曰："看來孟子都不肯辨折，他只要大處合正便罷，如焚廩浚井之説最宜駁倒，孟子亦不駁，只要有'象憂亦憂，象喜亦喜'二句便罷。"愚謂朱子教人最得此法。《語類》中時時提醒此意，雖隨其所問，答之必曰道理緊要卻不在這裏，不消恁地理會。如林恭甫問《論語》記門人問答之詞，而《堯曰》一篇乃記堯舜湯武許多事之類。① 又不但問没要緊事如此答也，若問得太高，又必引到親近處。如云或問："伊川未出門、未使民時，如何？"曰："此'儼若思'時也。"聖人之言得他恁地説也好，但使某答那人則但云"公且去，出門如見大賓，使民如承大祭"，此俱是孟夫子家法。

　　《語類》謂："'不得於言，勿求於心'，是心與言不相干；'不得於心，勿求於氣'，是心與氣不相貫。此告子説也。告子只去守個心，都不管外面事。外面是亦得，不是亦得。孟子之意，是心有所失則見於言，如肝病見於目相似。"愚意告子之病，似不如此。彼謂"不得於言，勿求於心"，非謂心與言不相干也，正以心爲言之本，吾守吾心而言自明。彼謂"不得於心，勿求於氣"，非謂心與氣不相貫也，正以

---

① "如林恭甫問論語"至"堯舜湯武許多事之類"三十字，"陸子全書本"作小注。

心爲氣之本，吾守吾心而氣自正。朱子謂象山之學與告子相似，則告子之説決當如此看。

薛文清《讀書録》曰："太極者，萬理之總名。"又曰："太極，性理之尊號。"又曰："理本無名字，字之曰太極。"又曰："太極者，理之別名，非有二也。"又曰："太極只是性。"又曰："太極是性之表德。"此數語發明太極最精，與程子"性即理也"一句同。

"體用一原，顯微無間。動靜無端，陰陽無始"，此四語是理學之宗祖。《讀書録》亦解得最明。其解"顯微體用"曰："太極中涵陰陽五行男女萬物之理，體用一原也。陰陽五行男女萬物具太極之理，顯微無間也。"其解"陰陽動靜"曰："太極動而生陽，雖自動處説起，而其根卻自靜中來，如天之四時，貞下起元是也。然靜又根於動，動又根於靜，所謂'動靜无端，陰陽無始'也。"又曰："今天地之始，即前天地之終。其終也，雖天地混合爲一，而氣則未嘗有息。但翕寂之餘，猶四時之貞，乃靜之極耳。至靜之中，而動之端已萌，即所謂太極動而生陽。是則太極或在靜中，或在動中，雖不雜乎氣，亦不離乎氣也。若以太極在氣先，則是氣有斷絶，而太極則爲一懸空之物，① 而能生夫氣矣，是豈動靜無端，陰陽無始之謂乎？"此種發揮確是洛閩之真傳。

---

① "則"，"陸子全書本"作"別"；"懸"，原作"縣"，據"陸子全書本"改。

　　薛文清謂：“讀《朱子語録》雜書，斷不若讀其手筆之書。然手筆之書亦有得《語録》而益明者。”文清特恐人不加采擇而爲此言耳。①

　　文清云：“豈獨樂有雅正耶？書亦有之。《小學》、四書、六經、濂洛關閩諸聖賢之書，雅也，嗜者少矣，夫何故？以其味之淡也。百家小説，淫詞綺語，怪誕不經之書，邪也，莫不喜談而樂道之。蓋有不待教督而好之者矣，夫何故？以其味之甘也。淡則人心平而天理存，甘則人心迷而人欲肆。是其得失之歸，亦何異於樂之感人也哉？”愚謂欲崇雅而黜鄭者，必先明乎雅、鄭之大綱，然後能審取舍，不然其不以鄭爲雅者幾希。

　　文清云：“道學以五經四書爲本，專用心於史學者，無自而入道。”愚謂讀史必讀綱目，然後史學、經學爲一。

　　《讀書録》曰：“《易》先天諸圖，自希夷以前，皆爲方士所傳授，至邵子反之易，則知作易之本，② 原實出於此。”又曰：“先天圖隱而不傳之時，雖有《大傳説卦》之言，讀者莫知其説。及邵子得先天圖，然後以《大傳説卦》之言証之，一一相合，於是象數始大明。”按，圖象隱於異學，而邵子取以明《易》者，知其原非異學之圖象，特此失其傳而隱

---

① “加”，“陸子全書本”作“知”。
② “本”，“陸子全書本”作“木”。

於彼耳。近世言三教合一者，不得藉口於斯。圖象在異學止爲形氣之用，在吾儒則爲義理之原。

薛文清自謂："二十年治一'怒'字，尚未消磨得盡，以是知克己最難。"又謂："余性偏於急且易怒，因極力變化。"嗚呼！文清尚如此，今人安可不知極力變化耶？

《讀書録》曰："朱子答學者之問，多告之以性與天道之妙，乃聖賢接引後學不得已之盛心也。若必待中人以上之資始告之，以此則可告者亦少矣。然則孔子所言者，[①] 教人之正也。朱子之接引後學者，權也。"又曰："孔子教人説下學處極多，説上達處極少。至宋諸老先生多將本原發以示人，亦時不得不然耳。"此二條言聖賢因時立教之意最明，蓋孔子之時，未有虛無寂滅自托於上達之説，故孔子教人只從下學説起，使其循序漸進；朱子之時，則異端之説方且共托於上達而浸灌於學者之耳，不先去其疾，則孰肯從事於吾所謂下學哉？故凡朱子之言性與天道，[②] 言上達者，皆所以先去其疾。

文清論"敬"曰："行第一步，心在第一步上；行第二步，心在第二步上；三步、四步，無不如此，所謂敬也。如行第一步而心在二三步之外，行第二步而心在四五步之外，

---

① "然"，"陸子全書本"作"是"。
② "與"，"陸子全書本"無此字。

即非敬也。至若寫字處事，無不皆然。寫第一字，心在第一字上爲一事，心在一事上，件件專一，便是敬。”此發明程子“主一無適”之義最精。《讀書記》蘇季明對程子曰：“晌常患思慮不定，或思一事未了，他事如麻又生。”曰：“不可，此不誠之本也。須是習，習能專一時便好。不拘思慮與應事，皆要求一。”此即文清之説也。葉敬君謂只此便是素位，而行不願乎其外。素位是敬，願外是不敬，亦説得好。而《朱子語類》所謂讀《大學》時心只在《大學》上，讀《論語》時心只在《論語》上，更不可又去思量別項，這裏一字理會未得，且理會這一字；一句理會未得，且理會只一句，須待十分曉得，無一句一字窒礙，方可看別處，亦即文清之意也。葉敬君因文清此等議論，謂與象山靜坐之説不相左，則又不然。主敬之與靜坐大不同。①

---

　　① “葉敬君謂只此”至“主敬之與靜坐大不同”一百五十一字，原缺，據“陸子全書本”補。

卷　四

　　許鍾斗《許鍾斗文集》止五卷，無甚關係文字。① 謂："春秋戰國時，有道德家、有楊墨家、有陰陽家、有法術家、有縱橫家，家各爲教，而不可無孔孟之學。漢、唐、宋以來，有游俠、有釋老，而上之所以羅士者，又或以博學、以宏詞、以詩賦、以對策射策不盡，以明經，故不可無周、程、張、朱之學。乃今之爲周、程、張、朱與爲孔孟者，遍天下皆是矣。師以是教教，士以是習，隸之學宫，升之司徒，貢之天子，組織而爲文章，彪炳而爲事業，軒揭而爲節義，何莫非學？而乃必於文章、事業、節義之外，別立一理學之名，於傳注之外別標一宗旨，於學校之外別尋一師門，果何説也？"此一段，蓋有激乎嘉、隆以後講學之弊而言之。其實今之欲講學者，只當就舉業中指點，不必另闢一門徑。

　　鍾斗論"格君心，當自身始"，曰："身無羔羊素絲之節，而欲言投珠抵璧之風；身無集思廣益之誼，而欲言縣鐸

---

① 　"許鍾斗文集止五卷無甚關係文字"，"陸子全書本"無此十四字。

設韜之美。身好矜伐，而欲責君以持盈；身好佞幸，而欲責君以去讒；身好慘刻，而欲責君以大度；身好舞智，而欲責君以推誠，必不得之數也。嗚呼![①] 豈獨格君哉？齊家、治國、平天下，何莫不然？”

聖人不得中行而與狂狷，與之之內有許多裁成輔相之法，究竟欲其歸於中行，非徒嘉獎之而已也。若但知嘉獎，則狂者之氣將益高，而狷者之守將益僻，其去中行將益遠，豈聖人之教乎？漢之黨錮，明之東林，皆錯認聖人取狂狷之意。

譚舟石作《延綏鎮志》，論河套云：“議者以河套爲《詩》之朔方，然《詩》言‘王命南仲’‘城彼朔方’，箋之者曰《堯典》云‘宅朔方’，《爾雅》云‘朔，北方也’，皆其廣號，爲近玁狁之國耳，未嘗指爲河套也。成化時，有謂余子俊城榆林而不復河套爲失策，然安南永樂時之郡縣也，宣宗朝猶議而去之，[②] 況新當土木之變，乃欲城榆林者城河套，不亦謬乎？曾銑之論輪臺之謀也，子俊之策朱崖之議也。”舟石此論甚是。又引張方平《諫用兵書》曰：“戰勝之後，陛下可得而知者，凱旋捷奏，拜表稱賀，赫然耳目之觀耳。至於遠方之民，肝腦屠於白刃，筋骨絕於餽餉，流離破產，鬻賣男女，熏眼、折臂、自經之狀，陛下必不得而見也。

① “嗚呼”，“陸子全書本”作“噫”。
② “去”，“陸子全書本”作“棄”。

慈父、孝子、孤臣、寡婦之哭聲，陛下必不得而聞也。”嗚呼！聞方平之言而不心動者，難矣。愚謂見舟石此論而尚思開邊釁者，亦可以止矣。嚴嵩謂曾銑以好大喜功之心，而爲窮兵黷武之舉，雖屬讒言，未可盡非也。①

《延綏鎮志》載李自成，米脂人，爲銀川驛馬夫。崇禎元年，延安大饑，群盜並起，而自成尚爲驛子，無叛志也。兵科給事中劉懋上言減驛站，歲可省金錢鉅萬，朝議是之。凡游民之隸籍驛遞者多亡去，② 自成亦復無聊，始爲小偷，因竄入流賊。初不過爲裁省計，豈意游民無所得食而饑荒又迫之，卒至於土崩而不可救。愚讀之不覺三嘆，今之言理財者，動云當節。嗚呼！“節”之一字，豈易言哉？

時文論《子產聽鄭國之政章》云：③ “時至戰國，苛察徼繞之政深，而温惠慈和之意少，蓋天下尤尚刑名哉。然而刑名之始，不始於刑名之人，惟爲政者寬以養天下之亂源，柔以蓄天下之不肖。至於宏綱不舉，萬事墮壞，而後察察者得以承其後也，孟子憂之，故借子產以立論。”此説得最好。

“小人閒居爲不善，見君子而後厭然”，此尚是古之小人，若今之小人，有慷慨激烈而談彌縫鑽營之術者矣，方自以爲非常之人、非常之論，而肯厭然哉？然爲君子者，亦不

---

① “嚴嵩謂曾銑”至“未可盡非也”二十九字，據“陸子全書本”補。
② “隸籍”，“陸子全書本”作“籍隸”。
③ “論”，“陸子全書本”作“講”。

可不自反，使魑魅魍魎得跳躍於吾前者，必吾之正氣未完也。吾之正氣完一分，則彼之跳躍亦必減一分。

余令嶧城二年，每念成湯解網一事，以爲此非特言湯之恩及禽獸，乃商家一代用法之權衡也。大抵先王立法，止存其大經，而不能必天下之毫釐不差，故商道號稱尚嚴，然未嘗不時開其一面，此所以法行而天下安之。若夫立法而必欲天下之毫釐不差，此商鞅、韓非之所謂法，而豈先王之法哉？

宋姚鉉輯《唐文粹》一書，不取昌黎《諫佛骨表》，大端已差。

昌黎《請上尊號表》與《上宰相書》，同一卑污。

文人之言亦往往見道，如李華《弔古戰場文》云“文教失宣，武臣用奇”，此二語與曾子“上失其道，民散久矣”同一深慨。

管子以禮義廉恥爲四維，柳子厚謂：“廉恥即義也，見其有二維，未見其四也。”愚謂不然。廉恥乃義之重者，故別出而言之。聖賢之言多如此類，無礙其爲四也。柳子厚議論大約多偏，如《郭橐駝傳》言督責之擾民，而不及先王“戒休”“威董”之道。《斷刑論》言賞務速而後有勸，罰務速而後有懲，遂舉賞以春夏、刑以秋冬而病之，謂秋爲善，必俟春夏而後賞，則爲善者必怠；春爲不善，必俟秋冬而後罰，則爲不善者必懈。此皆偏。柳子厚《貞符》一篇勝司馬長卿

《封禪書》萬萬。①

顏魯公，唐代偉人而載於《文粹》者，寶應寺有記，放生池有碑，深溺於浮屠之説如此。其他如張説、王維、盧肇、李華、白居易、柳宗元之徒連篇纍牘稱揚佛教者，又何足怪哉？故知韓退之真人傑也。

桴亭極尊程朱而亦不敢深闢象山、陽明，蓋亦梁溪之派也。

韓退之好作大言，如《答吕醫山人書》云：“若世無孔子，不當在弟子之列。”此等妄言，長後世少年虛浮之氣，爲害不少。②

退之《答張籍書》謂己之道乃夫子、孟軻、揚雄所傳之道也，及《原道》則云：“荀與揚也，擇焉而不精，語焉而不詳。”若不觀《原道》，則前書所云不倫甚矣，故知古人之言未可輕議。

退之《答劉正夫書》云：“或問：‘爲文宜何師？’必謹對曰：‘宜師古聖賢人。’曰：‘古聖賢所爲書，③其存辭皆不同，宜何師？’必謹對曰：‘師其意，不師其辭。’又問曰：‘文宜易宜難？’必謹對曰：‘無難易，惟其是爾。’”此皆説

---

① “柳子厚議論大約多偏”至“司馬長卿封禪書萬萬”一百一十七字，原缺，據“陸子全書本”補。

② “不少”，“陸子全書本”作“不小”。

③ “爲”，“陸子全書本”作“謂”。

得最好。後又云："足下家中百物，皆賴而用也，然其所珍愛者，必非常物。夫君子之於文，豈異於是乎？"信斯言也，則前所云"師古聖賢"，所云"惟其是"者，必求爲非常。而後可啓天下好異之弊者，必斯言也夫！夫古聖賢所爲，惟求盡其常而已，不聞好異也。吾所惡於俗下文字者，惡夫不能盡其常者耳。

諸莊甫之學不如陳、陸，而刻厲過之，其《日記》云："生計有無可以不動念，小人毁謗可以不與聞。凡事盡其在我，但使方寸可以對大庭，此身可以見上帝，雖餓死亦何憾？"察其生平，① 確能如此，亦可謂獨行之士矣。

莊甫論"仁、義、禮、智、信"最好，曰："仁、義、禮、智、信，雖作五件，其實是一時俱有的，但要識得那一件爲政耳。如有時仁爲政，仁主於慈愛，而慈愛莫切於子愛而教誨之，仁之義也；愛而有節文，仁之禮也；愛而知其惡，仁之智也；愛而有始有終，仁之信也。四者缺一，則非仁矣。如有時禮爲政，禮主於尊敬，而尊敬莫大於君敬而忠愛之，禮之仁也；敬而裁制之，禮之義也；敬而終身不易，禮之信也；敬而每事先見，禮之智也。四者缺一，則非禮矣。推之義、智、信，莫不皆然，先儒所謂'理一而分殊'也。"莊甫此一條，蓋即十二律"旋相爲宫"之意，而黄鐘仍爲之

---

① "生平"，"陸子全書本"作"平生"。

主，可謂善發明矣。

《周子通書》曰：“聖可學乎？曰可。有要乎？曰有要。①
請問焉。曰：一爲要。一者，無欲也。無欲則靜虛動直，靜
虛則明，明則通；動直則公，公則溥。明通公溥，其庶幾矣
乎。”朱子謂此章之旨最爲切要。《論語》所謂“一”，對
“萬”字看。周子所謂“一”，對“雜”字看。周子所謂
“一”，猶曾子所謂“忠”。至程子“主一無適”之“一”，
與周子又別。周子是説不雜於欲，程子是説不雜於他事，不
專是欲。高景逸謂程子之“主一”自周子來，“無適”即周
子之“無欲”，誤矣。

《讀書記》載朱子於書堂左曰“敬”，右曰“義”，蓋常
讀《易》而得其兩言。曰：“敬以直內，義以方外，以爲學
之要，無以易此，而未知所以用力之方也。及讀《中庸》，
見其所論修道之教，而必以戒慎恐懼爲始，然後得夫持敬之
本；又讀《大學》，見其所論明德之序，必以格物致知爲先，
然後得夫所以明義之端。既而觀夫二者之功，一動一靜，交
相爲用，又有合乎周子太極之論，然後又知天下之理，幽明
鉅細，遠近淺深，② 無不貫於二者。”按朱子平日論學，以致
知、敬、克己三者爲主，而《易》止言“敬以直內，義以方

---

① “要”，“陸子全書本”無此字。
② “淺深”，“陸子全書本”作“深淺”。

外”，故將致知工夫補在義一邊。程子止言“涵養須用敬，進學則在致知”，朱子謂“敬勝百邪，便自有克”，則將克己工夫補在敬一邊。

古今言“敬”，莫精於《詩》“不顯亦臨，無射亦保”二句。《讀書記》又引朱子一條，曰：“‘戒慎恐懼’不須説得太重，只是常常提撕，認得那個物事，常常存得不失了。今人只見他説得此四個字重，便作臨事驚恐看。‘如臨深淵，如履薄冰’，曾子也只是順這道理，常常恁地把捉去。”此一條説得“敬”亦精。①

《讀書記》謂：“博文乃道問學之事，是欲盡知天下事物之理；約禮乃尊德性之事，是欲常存吾心固有之理。”② 按，此則二句即是程子“涵養須用敬，進學則在致知”之意。然看來約禮即是克己復禮也。克己復禮是力行之意，與涵養用敬之意稍別，所以看作一事者，蓋朱子“論涵養用敬”二句，原將克己補在敬一邊也。克己復禮，少不得以敬爲主，則以約禮作尊德性看自妙。若《中庸》所謂崇禮乃是道問學之目，是指辨其節文度數言屬博文内，與約禮復禮無涉。

《讀書記》序朱子之學，既載《黃勉齋行狀》《李方子年譜》，又謂先生《語録》多自言爲學工夫，采附於後學者。

① “敬”下，“陸子全書本”有“字”字。
② “常”，原作“常常”，據“陸子全書本”改。

潛心於此，則朱子進學次序固昭然可考矣。

朱子謂："舊嘗以論心、論性處，皆類聚看。看熟，久則自見。"此即《讀書記》之所自出也。

《論語·吾道一貫》章，要看"子出"二字。當時曾子雖已無疑，何不一言以正諸夫子門人？既已不能無疑，何不直問諸夫子，必待子出而問之曾子也？蓋適值夫子有事而出，未及闡明，此所以問之曾子，非夫子不待再言而出也。曰："然則所謂一者，夫子之意果即指忠乎？"曰："不然。謂之指誠亦可，謂之指敬亦可，謂之指仁亦可。忠是曾子平日所用力，故指而言之。假使當時子思聞之，必曰'夫子之道，誠而已矣'；孟子聞之，必曰'夫子之道，仁而已矣'；程子聞之，必曰'夫子之道，敬而已矣'。朱子謂聖賢語言似各不同，① 然未嘗不貫，蓋以此也。"曰："然則夫子之告子貢一貫，亦不聞更有闡明，何也？"曰："當時必尚有話，而記者記之不詳爾。"九月四日，予因覽《讀書記》至"程朱論敬"諸條而悟及此。

同一格物也，而聖賢之格物與世之博物洽聞者異；同一存心也，而聖賢之存心與世之虛無寂滅者異。所以朱子論格物則曰："此以反身窮理爲主，而必究其本末是非之極至。彼以徇外誇多爲務，而不核其表裏真妄之實然。"論存心則曰：

---

① "語言"，"陸子全書本"作"言語"。

"古人之學所貴於存心者，蓋將推此以窮天下之理。今之所謂識心者，乃欲恃此而外天下之理。"

聖人云"切問"，一"切"字最可玩。學者不可不好問，問又不可不切，蓋宇宙之事可疑者何限？若泛然而問，非但告者易倦，而問者亦無益。故必切於身心，切於職分，然後問之。雖切於身心、職分矣，又必循其次序，如未知下學先問上達之事，未知修己先問安人之事，皆非切問也。能切問，然後告者不倦而問者有益。此如問路一般，如在蘇州起身進京，且先問無錫從何處去，乃爲切問。若蘇州到無錫之路尚且茫然，乃曉曉問北京城外路徑，且雜及於陝西湖廣，豈不生聽者之厭？即使諄諄而告之，亦何益乎？此問所以必貴切然，能切又貴能審，不切則病在泛，不審則病在疏。

綱大紀小。若對衆目而言，則綱、紀俱屬大一邊。

胡敬齋有孟子才高，在心性源頭處理會。孔子只教人忠信篤敬之説，高景逸亦云"孔子教人，只是説用"，所謂"吾無行而不與二三子"也。孔子後，孟子方説出心性。孟子後，秦漢學者俱在訓詁上求，更不知性命爲何物。至宋，周、程夫子出，纔提性命到微妙矣。① 朱子出，② 不得不從躬行實踐上説。若知得孟子之言，便知孔子之言句句精妙；若

---

① "提"下，"陸子全書本"有"出"字。

② "朱"下，"陸子全書本"有"夫"字。

知得朱子之言，便知周程之語語語著實。愚謂孔、孟、程、朱不得如此分別，聖賢之教，未有不"體用一源，顯微無間"。

　　高景逸論陽明曰："姚江天挺豪傑，妙悟良知，一洗支離，其功甚偉，豈可不謂孔子之學？然而非孔子之教也。今其弊昭昭矣。始也掃見聞以明心耳，究且任心而廢學，於是乎詩書禮樂輕而士鮮實悟；始也掃善惡以空念耳，究且任空而廢行，於是乎名節忠義輕而士鮮實修，則亦反其本而已矣。反其本者，文行忠信也，於此下學，於此上達。"按，景逸此條説陽明流弊極好，但謂其是孔子之學，則用晦所謂包羅和會也。[1]

　　胡敬齋與人書，論朱子以後諸儒曰："西山真氏庶幾乎此。元之魯齊許氏，雖其道德之全未及於宋，觀其所行，端愨務實，亦非世儒訓詁之可比也。此外諸儒，皆以考索爲足以明道，注解爲足以傳道，求其操存踐履之實者，蓋寡焉。若雙峰饒氏公遷朱氏，已不免此弊。其流至於陳氏、吳季子等，則其口語亂道，其不得罪於聖門，吾不信也。"居仁思與天下豪傑之士講明而踐行之，刊落浮華，一趨本實，庶有以革其弊。又曰："游康齋先生之門，始知聖賢之學不在於言語文字之間，而在於身心德行之實。"而其門人鄱陽余祐序

---

　　① "於此下學"至"所謂包羅和會也"三十八字，原缺，據"陸子全書本"補。

《敬齋集》曰：① "先生學以治心養性爲本，經世宰物爲用。每患朱子之後，經傳既明，學道之士類多口語藉藉無得於心，故於經書惟加熟讀詳玩，涵泳義理，不輕爲之注焉。"嗚呼！敬齋之學，真今日學者之律令格式也。

敬齋又與羅一峰書曰："吳草廬初年甚聰明，晚年做得無意思。其論朱、陸之學，以朱子道問學、陸子尊德性，説得不是。愚以爲尊德性工夫，亦莫如朱子平日操存涵養，無非尊德性之事，但其存心窮理之功未嘗偏廢，非若陸子之專本而遺末。其後陸子陷於禪學，將德性都空了，謂之能尊德性可乎？"此數語斷盡朱、陸之同異。

敬齋又與一峰書曰："公甫名重海內，與先生交最深。居仁與四方士子，亦以斯道望於公甫。不意天資過高，入於虛妙，② 遂與正道背馳，不知先生曾疑之否？若曰不知其非，則思修身不可以不事親，③ 思事親不可以不知人，④ 思知人不可以不知天。知其非而不告已，虧朋友之義，所以輔仁責善者，其失已在我。"又與張廷祥書，極言其學之弊，謂"一峰後來亦有曠大之意，想必爲其所染也"。噫！敬齋之黜白沙

---

①　"余祐"，"陸子全書本"作"余祐"。按，余祐，字子積，鄱陽（今江西省鄱陽縣）人，明弘治十二年（1499）進士，爲南京刑部員外郎，是著名理學家胡居仁的門人。

②　"妙"，"陸子全書本"作"渺"。

③　"不可以不事親"，原缺，據"陸子全書本"補。

④　"思"，原缺，據"陸子全書本"補。

如此，而學者猶尊而崇之，何也？

《讀書記》云："按二程之學，龜山得之而南，傳之豫章羅氏，羅氏傳之延平李氏，李氏傳之朱氏，此其一派也。上蔡傳之武夷胡氏，胡氏傳之五峰，五峰傳之南軒張氏，此又一派也。若周恭叔、劉元得之爲永嘉之學，① 亦同自出，然惟朱、張之傳最得其宗。"

《宋史·朱子傳》云："簞瓢屢空，晏如也。諸生之自遠而至者，豆飯藜羹，率與之共。往往稱貸於人以給用，而非其道義則一介不取也。"

---

① "劉元"，按，此處似應作"劉元承"。劉安節（1068—1116），字元承，浙江永嘉縣人，元祐年間入太學，後赴洛陽從程頤受業，遺著有《劉左史集》四卷。

三魚堂賸言

陳濟序①

　　右《三魚堂賸言》，舅氏陸清獻公讀書有得，暨同人晤語隨手札記，初不立門目，濟寶藏篋笥潛玩有年，竊伏念舅氏生平著述板行已多，茲書本名"日抄"，未經流布，深恐緒言餘論灄而不章，②爰是重加編次，各以類分，凡十二卷，以公當世。

　　乾隆六年辛酉十一月，甥陳濟百拜謹識。

---

① 該序原緊接目録之後,題名爲校者後添加。
② "灄","陸子全書本"作"鬱"。

陳世倌序①

　　余歷觀古名臣，賢將相，雖其勳榮爛然，照耀史册，然閱異代而其功已無補於當時，則祀典亦闕絶焉。若夫道德之儒，名教所繫，固有與日月同行，垂千百世而不朽者。自唐虞以致今日，未之有易。是以志在道德者，功名不足以動其心，而紆青拖紫充詘於富貴者，更無論也。松陽先生德行文章，②爲海內所矜式，其兩宰劇邑，惠愛至今不忘，洎乎立朝建白，毅然有古大臣風烈，所尤偉者，昌明理學，大振儒風，宜乎追膺謚典，崇祀文廟，③兩朝褒錫，歷久彌光也。先生《大全》《講義》《困勉録》諸書，固已彪炳如日星，更有生平雜記《膡言》，或詮理而發，或因事而書，片語單詞，有裨後學不淺。佺簡庭，爲先生甥，藏弆是書有年，壬戌秋，將以付諸梓人，而請序於余。余惟天壤之不朽有三，先生之德在人心，先生之功在史乘，至立言其次也，然其言存，其

---

　　①　題名爲校者後添加。
　　②　"松陽"，"陸子全書本"作"三魚"。
　　③　"文廟"，"武林薇署本"無。

德與功，愈足以傳天下而及後世，則是書雖曰"賸言"，尤宜公諸同好，而不第爲一家一邑之私也已。因不辭而爲之序，時乾隆八年，歲次癸亥，暮春下浣。①

　　文淵閣大學士兼工部尚書海寧後學陳世倌題於蓮宇精舍。

---

①　"暮"，"武林薇署本"與"陸子全書本"作"孟"。

清獻公傳略

公姓陸，諱龍其，字稼書，浙江平湖人。伯父燦，崇禎甲戌進士，爲濟南府司李，闔門殉節。父諱標錫，字叔因，邑庠生，前母鍾孺人，繼曹孺人實生公。公年六歲入小學，師見其端重不佻，即以大器卜之。十四歲丁母曹孺人憂，擗踊哀痛，不異成人，見者無不嘆息感動。康熙丙午舉於鄉，庚戌成進士，兩爲縣令，入爲侍御史，終於家。公生於明季群言淆亂之後，嘉、隆以來，陽儒陰釋之學，諸儒罕能剖其同異，日浸月淫，以爲世道人心害，公於是時獨慨然以爲己任，刮磨洗剔，歸於大醇。其爲學一宗朱子，博觀約取，精思力踐，有體有用，不爲空言。年二十餘，下帷讀書，自謂得其要領，因曰：“大丈夫生斯世，攬轡澄清，非異人任，今日之憂，豈爲溫飽哉？”又嘗作銘以自警，曰：“生者待汝養，死者待汝葬，天下後世待汝治，汝無或輕爾身，以殉無涯之欲，而喪厥志。”乙卯秋，釋褐江南嘉定縣知縣，有大賈汪姓者，素交結長吏，橫行邑中，其僕奪買薪者妻，前令曲庇之，至是賣薪者來控，汪不能匿，勒還賣薪者妻。汪大恐，令所識探意，公曰："法爲怙終者設也，人無不可自新，何恐焉？"汪感泣改過。大場鎮民有兄貧，貸弟不應，昇弟物去，弟賄巡檢司以盜報，訊之，乃其弟婦翁所爲，遂痛懲之。呼弟曰"彼兄也，乃以爲盜，不悌也"，責之；呼兄曰"汝爲長，不能自立，陷弟不悌"，亦責之。咸感服而去。有告子不孝者，公自訟曰："我德薄，令汝父子至此。"因委屈曉譬，父子俱泣，乃遣之。有富家，欲重懲貧民，署其牘曰："富人之體面固體面，貧人之肌膚亦肌膚也。"後富家懷德，輸課獨先。又金氏女幼孤，育於舅氏陳生，其族人販賣於旗下，陳訟之，令不能爲力也，候其來，取地方官印結，即捐俸入，具文申請，卒歸陳生。其後東江俞倩，述練川遺愛云："涖政之初，自朝至夕，齋莊嚴肅，言笑不以假人，群下望若神明，然處事和平，發言詳審，人又服而愛之。"此公之嚴法度也。四鼓而起，簽書待旦，辰出理事，或至日旰不食，夜深而息，規畫明發，諸務事無留滯，一義未安，終夜不寐，此公之勤政事也。於催科初限，悉進而命之曰："錢糧者，朝廷之國課，非縣官之私蓄，爾民能急公，身家快樂，縣官亦得安逸，有工夫行好事，以加於百姓，與爾非怨讎，何苦日行仗責？況一杖責，必私與皂役杖錢，若雇人代比，又當與雇錢，二者皆虛費，而有欠糧受責之名，何不省此以湊正數，則爾我俱安。"從此傳聞四野，雲集響應。此公之善催科也。見百姓則告以民義之所當爲，遇士子則勸勉學以希聖賢，見農夫則勸力耕以供俯仰，值工作則告以精專，遇商賈則告以平價公取與。有宦家子得罪，延其父堂上而撲之曰："我與爾父友朋也，爾猶子弟也，子弟而不肖，不可以不責。"此公之廣教化也。禁酬賽及梨園，此公之正風俗也。練川故多妄訟，公虛心詳慎，民始不敢欺，胥吏足迹不至村落，此公之神聽斷也。有人嫌婿貧，而饋金求絕婚者，公受之，即以金予其婿，曰"婿不貧矣"，卒嫁之。此公之絕苞苴也。吳下文風日趨浮詭，心術既已卑污，文字亦成靡濫，公謂作文以明理，論文所以觀德，故每與士子言，無非此旨。此公之興士行也。

　　會福建按察使缺，上命選天下賢能愛民之官，不拘資格擢用，都御史魏象樞，素不識公，即具疏薦，而巡撫慕天顏與公齟齬，疏請更調，部議引才力不及例，降級調用。丁巳春，以盜案落職。先是邑民張姓與汪姓訐訟，汪適遇盜被傷，謂家人曰"張遣殺我"，其弟遂以仇殺訟。公疑小隙無殺理，而察張亦非殺人者，因以是盜是仇未可遽定，報而俟緝得真盜定擬，部遂引諱盜例革職。尋獲真盜七人，讞上，人謂公盍辨諸，公曰"邑有盜，長吏宜有罪，我何辨焉"，遂解任去。許自俊作《公歸集序》曰："公將出署，九鄉二十都之民，夜半群呼入邑，填滿街衢，公出示苦禁，父老承公意，揮衆籃輿，甫及中霤，哭聲大震，旅進旅退者數四，既恐病公，乃共掖公入邸，男婦萬餘，環泣不去。次日，四郊諸鎮，各迎長生位，一時剞劂丹漆匠氏，無有寧晷。旬日間，村各有祠，墅各爲位，琴瑟鼓樂，俎豆揚幡，賽於原野。有楊筆客者，僑於此，大呼狂走，逢人九頓，約請留公。有唐老人，負版帶索募助急公。有盲兒，助公完課錢，聞公聲音，喜而去。"朱宗玉《謳思紀略》曰："自公解職，迄今父老子弟，田牧販婦，或流想支頤，或呼天怨尤，或相向敘述廉明軼事，不覺涕下交頤。"皆實錄也。己未，上諭廷臣各舉廉吏，魏御史特疏舉十人，公其一也。時公丁父憂，癸亥服闋，補直隸靈壽縣知縣。靈壽北枕太行，南濱滹沱，水沖沙壓，旱澇頻仍。公務在與民休息，有《自陳八款》，言皆實政，始終力行。一到任，不用地方夫役，公廨自行修緝，以大義勸民急公，不事敲撲，火耗概爲革除。一知雜派之累民，凡地方公事，力請減省，其不可減者捐備。一禁飭當鋪止許依律取息，革一切無名牙稅。一見健訟爲民害，不輕準一詞，每就其投告，開譬以孝弟忠信，講明鄉約，冀消磨其舊習。一嚴禁賭博，清查保甲，以杜盜源。一訓誡諸生，不得重文輕行。一因地瘠民貧，疊遭水旱，故謹守治道清淨之意。弊必去其太甚，法多因其人情土俗，不敢驟爲更張。考衛水源流，旋令疏濬，以興水利。見守道，請免灰車。灰車者，大内所爇之灰，例派畿内之邑役車運出。靈邑小，至派五輛，較大邑反多，經年盤費約六七百金。前任董子祈申請免替，不得。公再三力請，監司卒不允，至乞參罷以紓民力，始許減二輛，至乙丑三月，始獲允行。駕幸五臺山，撫臣格爾古德迎見。

上問地方有何好官，格以公對。江南總督於成龍卒，上諭諸臣有清操如於成龍者，公議奏聞，九卿遂公舉直撫格爾古德、郎中蘇赫、范承勳、學道趙崘、知府崔華、張鵬翮及公，凡七人。權知平山縣，已而以公事入都，同年徐乾學具述大學士明珠向慕意，公以縣務倥傯，不敢久留京師爲辭，越一日，即回靈壽。春日賑饑，有斂財演劇者，切責爲首人，以所斂財買米施粥，定爲日期。簿書之暇，輒至學聽諸生講書，有欲質疑問難者，以次進接，至午而散，此《松陽講義》所自始也，試卷略加批點，不分高下，仿程子改試爲課之意。公聞阜平不用里長，點糧多者爲里單首，謂其法甚良，遂革里長。以編審人丁缺額詳請參罷曰："靈邑人丁，舊額一萬四千零，因編審者惟恐部駁，必求足額，且必求其稍溢而後已，故逃絕俱不敢除，而攤派於現存之户。溝中之瘠，尤是册上之丁，黄口之兒，已入追呼之籍，加以屢歲荒旱，現在之民，不能自給，而又責其包賠，所以民生日蹙。審編之際，有雖逃而有着落可招撫者，有雖亡而有地産遺下，即量加於承受之人者，有孩童而有産業者，及窮而垂斃者，皆不準除，而應增之數，不足以抵删去之數，若照舊攤派，一點良心，不肯自昧。"又曰："縣官平日失於撫綏，以至户口缺額，聽候上臺處分，以爲溺職之戒。靈壽連年被災，他邑懼大吏駁勘，匿不申報，獨公力爲陳情，屢攖大吏怒，不顧也。"公嘗議覆均甲，大略謂均役之法。江南錢糧浩繁，里甲多寡參差，難於按算，故均里均役，誠爲善政。靈邑錢糧無多，若行均甲之法，必割彼補此，不惟滋擾，反生弊端，且民間交易無常，數年過割，依舊參差，求其畫一，必費周旋。又曰："均里均役，大抵從行差不均、豪強包攬起見。但行差有二：其條鞭內之行差，照畝科算，元無不均。至額外之行差，如軍需采辦一切例不準奏銷者，皆私派諸民，名爲設法無礙，不過掩耳盜鈴之計。此等州縣官不能行之於紳衿，故包攬生而不均實甚。今百姓之苦，只在私派，有私派則有包攬，如不能清私派之源，即日易一法，弊仍如故。應令賦繁之地，稽核爲難者，聽行均役之法，以便清查；賦簡之地，聽其仍舊，以省紛擾。而嚴查包攬，禁止濫派。"又詳請量減額稅曰"靈邑房地額稅七十兩，康熙十五年增十五兩。徵收之法，民間交易，價值每兩三分。靈邑苦瘠，每畝值一二錢，民住草房，價更無幾，以致稅不及額。分派里下，今不敢違例派民，悉由捐解，但捐墊亦不可爲常，必仍至累民，詳請量減"云云。一宦家失盜，吏白申文不當用"強劫"字，公不欲隱忍含糊，竟以"劫盜"報。郡守恐其累己，捉吏痛責，公不爲動。未幾，獲盜，將成獄矣。大中丞命改爲"竊"，郡守急傳諭奉行，公寧以誠去官，卒不改。郡守囑失主游移其辭，乃取盜之巨憝杖毙之。公惻然謂盜有可殺之罪，而殺之不以其法。其剛毅類如此。井陘縣蒼巖山俗傳爲天女修道之所，土人於春時，聚衆斂財，製紙山，坐神像其上，謂之駕舁，至山焚之。時爲首者乃一隸，公令昇入，焚於庭，罰所斂財修馬神廟，因禁止進香。庚午春，奉命賑饑，靈邑發銀三千兩。公日裹糧馳驅，深山窮谷，無所不到，審其衆寡而酌給焉，吏胥不敢有所侵冒。時刺史約以二千金及民，其餘繳上官爲堪荒費，公以此銀乃加惠窮黎者，有司扣作虛費，是上負朝廷，下欺百姓也，竟盡數給發。鄰邑有已散而復追者，公毅然不爲動。時科道員缺，上諭九卿各舉所知，總憲陳廷敬以公特薦。公謝事時，猶申請緩征及房地稅減額，并上官供應宜永遠革除，又貯倉米穀，須不時借放等事。瀕行，邑民哭送者數萬人。八月，試四川道監察御史，協理山東道事，直撫於成龍，入爲總憲，語公曰：“二十五年，我曾疏薦，由余國柱沮之，每巡撫出京，即叮嚀如此人，毋得登薦剡。”上《畿輔民情疏》，其略曰：“臣官畿輔久，知畿輔之民情。邊山一帶，荒多熟少，賴皇上加意撫綏，僅延殘喘。惟皇上常持此心，恩已厚而不嫌更厚，心已周而不嫌更周，庶乎家給人足，猶有可望。至目前所當議者，上年荒旱，奉上諭二十八年及二十九年錢糧，盡行蠲免。後奉部議，分別不概準蠲，撫臣不得已題請帶征。然既征其新，復徵其舊，恐非積貧之民所能堪。”伏乾清宮面奏，上呼近前曰：“陸御史奏章自爲之耶？抑使他人代爲之？”公謹對曰：“疏出臣手，不敢以假人。”上稱善再三，顧左右曰：“即發抄。”終格於部議，尋奉特旨盡行蠲免。湖廣督臣題請湖南巡撫在任守制，公以疏論曰："臣辦事衙門，會議湖南巡撫於養志在任守制一事，昌言其不可者，固有其人，而依違不斷者，比比而是，臣竊怪之。夫治天下之不可不以孝，易明也。在任守制非所以教孝，易明也；天下當太平之時，湖南非用武之地，無藉乎在任守制，易明也。在廷諸臣，沐浴於皇上孝治之中久矣，何難直斷其不可耶？且臣不知議者以養志爲何如人，其非賢者耶，則固不當使之在任守制矣；其賢者耶，則必不肯在任守制矣。此端一開，人心風俗，關係非淺。"時廷議無異辭，獨公抗疏言之，蒙報可。會審捐納頂替事，有富人某以千金頂捐縣缺，所給部照他人得之，某遂以途中失去報縣。比掣籤，兩人俱至，因發臺省會鞫。或謂某出銀，宜得官，公曰："今日正宜澄清仕路，出銀頂替，豈得無罪？兩人并依律定罪。"又上疏請速停捐納保舉，略曰："捐納一事，原非皇上所欲行，不過因一時軍需孔亟，不得已而暫開，復恐其賢愚錯雜，有害百姓，故立保舉之法以維之。近因邊地運送草豆，并保舉而亦許之，則與正塗無復分別，且保舉所重，莫重於清廉，若保舉可以捐納，則是清廉亦可捐納而得也，亦不待辨而知其不可矣。若夫捐納先用之人，大抵皆奔競躁進之人，故多一先用之人，即多一害民之人，此又不待辨而知其不可矣。臣更有請者，近日捐納之員，有遲之數年，既不保舉，又不參劾者，夫既以捐納出身，又不發憤自勵，則其志趣卑下可知，使之久踞民上，其荼毒小民，不知幾何矣，故保舉之期限更當酌定。伏乞敕部查一切捐納之員，到任三年而無保舉者，即行開缺，聽其休致，庶吏道可清，選途可疏，而民生可安矣。"奉旨九卿會議，時主議者迫令改議，而公執持愈堅，乃指爲阻誤軍務，擬革職，發奉天安插。同僚或勸公挽回衆怒，公笑曰："奉天亦可讀書也。"上竟弗罪公。頃之，命巡視北城。計公任臺職僅一年，知無不言，遭遇聖祖仁皇帝聖明，優容至再，然始終一節，特立不回。逮是試俸已滿，例有甄別，都察院擬公不稱職，對品調用，由是歸。明年十二月二十七日公卒，年六十有三。又明年冬，有提督江南學政之命，大學士王熙奏陸某已故，上曰："何不啓奏?"對曰："七品以下，在籍身故，無啓奏之例。"上嗟嘆久之，曰："本朝如此人，更不可多得。"公一生忠鯁，殁後獲知君上猶如此。

世宗憲皇帝詔從祀先聖廟廷，今上特贈内閣學士兼禮部侍郎，謚曰"清獻"。子定徵，宸徵，定徵先公卒。孫五人，申昌，申賢，申義，申憲，申讓。先耐庵府君，於公爲妹婿，時時道公生平，濟側聞庭訓，用敢粗述梗概云。

乾隆六年辛酉十一月，甥陳濟百拜撰。

卷　一

　　閱《天原發微》鮑寧辨正曰，朱子《易本義》以陰陽之
變解"易"字，以陰陽之理名"太極"，則太極爲易之本，
明矣。節齋蔡氏謂"易"乃太極之所自出，又解"易"字作
"無極"字，則易反在太極之先矣，豈不大乖乎？節齋又云，
主太極而言，則太極在陰陽之先；主陰陽而言，則太極在陰
陽之內，亦本朱子太極無不在之意，[①] 而未知理氣本無先後
也。節齋又謂陰靜陽動，靜者常偏居，動者常去來，與周子
一動一靜，互爲其根之旨亦不同，而《天原發微》皆承其謬
而未之正，辨正極有功於《發微》。偶思乾南坤北而交，則
應乾北坤南，然後天方位乾西北，坤西南，各退位居之者，
想是日中則昃，月盈則虧，怕處其盛之意。

　　雲峰胡氏云："朱子嘗欲於方圓圖內，取出方圖在外，庶
圓圖虛中以象太極。"然愚意取出方圖，固足以見太極之虛，

---

　　① "本"，原作"非"，據"武林薇署本""陸子全書本"與"望雲仙館本"改。
按，根據上下文意以及朱熹理學相關解釋，此處應爲"本"字。

置一方圖於内，尤足以見太極之虛而實。

易有三百八十四爻，凡一事便有三百八十四樣，看這事做的是何人，這個人所處是何位，所遇是何時。

看《復》卦《咸》卦，見朱子於《復》卦《象》注曰："安靜以養微陽也。"於《咸》卦初爻注曰："此卦雖主於感，然六爻皆宜靜而不宜動也。"《復》之安靜，是言初動之時，宜靜以養之。《咸》之宜靜，是言當動之際，宜靜以審之。皆是周子主靜中意，而周子之主靜，則又不止於此也。

《皋陶》言"載采采"，第一個"采"字，即是視其所以，第二個"采"字，便有觀由察安。①

《大禹》"思日孜孜"，躬陳治水之績，不以爲嫌，與趙充國不用浩星賜之計，同一老臣保治之志。

看徐九一《書經大全・禹貢》"恒衛既從"注"唐割鹿城置鹿渾縣"，"渾"似當作"澤"；又"邢趙深三州爲大陸者得之"，"邢"似當作"祁"，查《一統志》可見。

孫北海《禹貢考》謂碣石現在永平，未嘗淪入於海，此似其獨得之見。夏彝仲《禹貢注》，亦未之知也。

禹疏九河，當時必更有蓄泄之法。蓋河者不可不分，亦不可分者也。不分則勢盛而易潰，分則流緩而沙淤，故分亦決，不分亦決者也。禹既疏九河，必立蓄泄之法，如今之閘

---

① "安"下，"四庫全書本"有"意"字。

座然，水大則通之以殺其勢，水緩則閉之而勿分其力，三代以下守其法，所以無河患，後世廢之，則潰決而不可爲矣。愚因潘季馴之治河而悟及於此。

閱《咸有一德》蔡注，恍然有悟，予向疑"一貫"之旨，孔門自曾子而外，不輕以示人，而伊尹輒以告太甲曰："善無常主，協於克一。"得無疑其躐等無序乎？細玩"毋自廣以狹人"之注，[①] 然後知其用功之要，全在乎此，而所謂"協於克一"者，乃是教以立志必期至乎此，而非其下手工夫也。蔡注體會及此，可謂精矣。夫子告哀公曰"所以行之者一"，亦是此意，而必繼之曰"凡事豫則立"，又繼之以"擇善固執"，皆是下手工夫。

講《麟之趾》"振振公子"，見得公子之氣習，是最難仁厚的，此不是文王后妃之德，不能到此。

《騶虞》"壹發五豝"，朱《傳》於庶類繁殖見其仁，注疏以不盡殺見其仁，不如朱《傳》之大。

看《左傳》伶州鳩論景王鑄大鐘，悟《詩》所云"無田甫田，惟莠驕驕"即是此理。若讀書人不知循序漸進之法，便爲伶州鳩、《甫田》詩人所譏。

看《唐風·山有樞》講章云"忌作晋人曠達語"，乃知此詩與《古詩》所云"生年不滿百，常懷千歲憂。晝短苦夜

---

① "毋"，"四庫全書本"作"無"。

長，何不秉燭游”大相遠。蓋惟恐儉不中禮，則虛過一生，急欲自範於禮，有朝聞夕死可矣之意，是相勉以好樂無荒之樂，非相勉以衣裳楚楚之樂，不是要及時行樂，是要及時行禮，正所謂“憂深思遠”也。《蟋蟀》之憂深思遠，蓋惟恐解其拘者，或失於縱；廣其儉者，或荒於奢。《山樞》之憂深思遠，則又鞭策之，使急歸於不拘不縱不儉不奢之域也。有《蟋蟀》之憂，則不至於矯枉過正矣；有《山樞》之憂，則不至於因循不斷矣。他人是愉，亦不是怕落他人手，亦是恐他人矯我之枉，遂至於奢縱。

看《詩》“爕伐大商”，朱子以順天命解“爕”字，注疏則以《國語》伶州鳩之言“五位三所”者解之，便如今星家之講命一般，是漢儒之不如宋儒處。

《詩》“庤乃錢鎛，奄觀銍艾”。錢以啟土，鎛以去草，銍以穫稻。“錢”又謂之銚，又作鍬，又即臿，蓋即今南方所謂鏵也。“鎛”又謂之鋤，又作鉏，今南北皆謂之鋤，但南狹而北闊耳。“銍”又謂之鎌。錢、鎛、銍，皆在耒耜之外。今之犁乃耒耜之變，古人不用牛耕，故不曰“犁”，而曰“耒耜”。見《周禮·匠人》注疏。按，今犁頭鐵器，及下種之器，名“樓”者，其頭上樓，北人皆謂之鏵，然則銚與鏵，即耒與耜，《三才圖會》下種器，名“樓車”。

《絲衣》章，朱子既不依注疏“繹祭”之說，而“門堂”二字，尚仍注疏之舊，而偶未改，蓋正祭省器在廟堂，不於門堂。

　　見《詩經説約》顧麟士亦引《魯詩世學》，甚矣，僞書之易悞人也。

　　明舒芬謂《周禮》者，至誠盡性之書也，又謂《周禮》與《儀禮》《戴記》，猶蜀之於吳魏也。賈氏以《儀禮》爲本，《周禮》爲末，謬妄已甚，朱子乃不正之，是其所惑也。舒氏尊《周禮》是也，而以此抑《儀禮》，則過矣。其尊周子而貶程子，亦是此病。

卷　二

看《左傳》疏孔穎達序，謂賈逵、服虔之徒，雜取公羊、穀梁，以釋左氏，方鑿員枘。杜元凱《左氏集解》專取丘明之傳，以釋孔氏之經，所謂以膠投漆。愚因思今日講程朱之學，而雜取象山、陽明之說，是猶賈、服之訓《左傳》也。

又杜序疏云：史非一人，辭無定式，故日月參差，不可齊等。及仲尼修改，因魯史成文，舊有日者，因而詳之，舊無日者，因而略之。既自有詳略，不可以爲褒貶，故《春秋》諸事皆不以日月爲例。其以日月爲義例者，惟卿卒、日食二事而已。故隱元年冬十有二月，"公子益師卒"，《傳》曰"公不與小斂，故不書日"。桓十七年冬十月朔，"日有食之"，《傳》曰"不書日，官失之也"。二條以外，皆無義例。《公羊》《穀梁》之書，或日或月，妄生褒貶。先儒溺於二《傳》，橫爲《左氏》造日月褒貶之例。又曰《春秋》無日無月者十有四，月無時者二，或史文先闕而仲尼不改，或仲尼備文而後人脫誤。此皆說得最是。

《周禮》有太史、小史、内史、外史，孔疏謂諸侯無内、外史，然劉炫引《康誥》"太史友、内史友"，似諸侯有内史矣，則曰遍舉記傳諸侯無"内史"之文。又"季孫召外史掌惡臣"，言外史，似有内史矣，則曰外史猶史，居在南，謂之南史耳。南史當是小史。南史、外史，非官名也。又左史、右史，亦非史官之名也，皆能自伸其説。《藝文志》云："左史記言，右史記事。"《玉藻》云："動則左史書之，言則右史書之。"二文不同。孔疏以陰陽動靜之理推之，而主《玉藻》，又云《周禮》諸史雖皆掌書，仍不知所記《春秋》定是何史。

又疏云：《春秋》之文，詳略不等。螟螽蜚蟘，皆害物之蟲。蜚蟘言有，螟螽不言有。諸侯反國，或言自某歸，或言歸自某。晋伐鮮虞，吴入郢，直舉國名，不言將帥及郊與用郊，皆無所發。諸侯出奔，或名或不名，是其史舊有詳略，義例不存，於此故不必皆改也。此亦去了許多葛藤。

杜序謂發傳之體有三，疏云是發凡正例，新意變例，歸趣非例。三者所云發凡正例者，傳稱凡者五十，先儒多云丘明以意作《傳》，無新舊之例，惟杜則云發凡言例，是周公垂法。史書舊章所云變意新例者，經文顯者，傳本其纖微，經文幽者，傳闡使明著，有自發大義者，有史所不書，即以爲義者，皆是新意。所謂歸趣非例者，經無義例，不著善惡，故傳直言其指歸趣向而已，非褒貶之例也。此三者，括盡

《春秋》之大綱。

又杜序云"爲例之情有五"，疏云五曰"懲惡而勸善"者，與上"微而顯"不異。但勸戒緩者，在"微而顯"之條；貶責切者，在"懲惡勸善"之例。先儒發例如此者甚多，朱子於戒愼恐懼中，提出"愼獨"，即此意也。

杜氏駁去素王素臣，黜周王魯之説，最有功於《春秋》。

"春王正月"之説，當折衷於程朱，是周正，非夏正。

吳志伊《春王正月辨》三篇，[①] 大意謂《春秋》自主周正，若《周禮》則以夏正雜周正，《詩》歌所咏，則如今人稱"摄提""孟陬"等語，不泥昭代時令，安得以《周禮》《豳風》而并疑《左傳》《春秋》諸書乎？又謂商周改時月，秦改歲始，不改時月，亦不得强合而一之，以致彼此交疑。其言商亦改時月者，則據梓愼云"於夏爲三月，於商爲四月，於周爲五月"。《漢·律曆志》云："夏爲十月，商爲十一月。"陳寵云陽氣始萌，天以爲正，周以爲春；陽氣上通，地以爲正，殷以爲春；陽氣已至，人以爲正，夏以爲春。有此數據，則殷之改時改月可知。《書》之言"惟元祀，十有二月"者，今子月耳。即位宜於歲首而不於歲首，未逾年，不應改元而改元，則夏忠商質，亦難以《周禮》証夏、商也。

---

① "伊"，原作"尹"，據"四庫全書本"改。按，吳任臣（1628—1689），本名吳志伊，浙江仁和人，清代歷史學家、藏書家，康熙十八年（1679）舉博學鴻詞科，授檢討，曾擔任《明史》纂修官，著有《十國春秋》《春秋正朔考辨》《周禮大義》等。

若夫秦則改年始，而不改時月，以閏月爲後九月，《史記》確有所據，而文穎、顏師古輩，泥商、周改月之見，更謂秦以十月爲正月。若史家所載，皆太初時追改，非當時本稱，則又拘矣。其論甚辨，然吾謂梓慎、陳寵之言，或以夏、周之時月，而遥推商之時月，亦未可知，難定謂改時改月，商、周則同，逾年改元，商、周則異。總之，古事難以臆斷也。

孔疏論鄭伯克段，只譏其失教，而以處心積慮之説爲非，最是。覺伯恭博議，未免過當。

閱杜注"弔生不及哀"，疏中詳言其既葬除喪之意，此杜注之最差處。

《隱三年》"日食"條下，引襄廿二年九月十月皆日食，廿四年七月八月皆日食。注疏皆不能言其故，此誠不可解。

注疏"曲沃"即聞喜也，而今則曲沃、聞喜爲二縣。"翼"即絳也，而今則翼城、絳州爲一州一縣。又按疏，唐叔始封在太原晉陽縣，則今之太原府也。成侯徙曲沃，穆侯徙絳，則今之絳州；其後又遷新田，則今之絳縣，皆在平陽府。蓋益遷而西南，去始封之都甚遠。

孔疏論董狐書法不隱，孔子稱爲良史，而《春秋》魯君見弑，左氏以爲諱國惡，禮也。見仁非一塗，此論亦最是。《僖元年》"諱國惡"下孔疏，説得此意尤精。

閱孔疏論桓不書王。《穀梁》以爲桓無王，故不書王。杜氏以爲王不頒歷，故不書王。劉炫以爲闕文。三説未敢定爲孰是，但劉據《襄二十七年》《哀十二年》傳稱司曆過也。杜氏《釋例》皆指爲魯司曆，似曆非王朝所班，且子朝之亂，王位且未定，何能班曆而亦書王？駁得甚是。孔氏則又以爲曆或諸侯所爲，亦遙稟天子正朔，子朝之亂，經仍稱王，不責人所不得也，猶如大夫之卒，公疾在外，雖不與小斂，亦同書日之限，辨得亦最好。

《桓三年》“日食”，孔疏論所以食之故，未甚明。查《通考》交食之法，自隋以前，猶未詳著，大抵朔望值交，不問内外，入限便食。惟隋張胄元獨得其妙，以爲日行黄道，月行月道，交絡黄道外十三日有奇，而入經黄道，謂之交，若月行内道，在黄道之北，則食多有驗，月行外道，在黄道之南，雖遇正交，無由掩映，食多不驗。孔氏去隋尚近，看來猶未通此法。其云食有上下者，行有高下，謂月在日南，從南入食，南下北高，則食起於下，月在日北，從北入食，則食發於高，此恐亦未確。《昭七年》疏云：“每一百七十三日有餘，則日月之道一交，交則日月必食。”可見孔氏尚未知張胄元之法。

“有年”“大有年”之書，先儒云：桓、宣不宜有而有。杜、孔皆不主此説，頗覺平正。

《左傳》“春蒐、夏苗、秋獮、冬狩”，此是以夏時言，觀《桓四年》“春，公狩於郎”經傳可見。杜注亦云：“田狩從夏時。”

《桓五年》"州公如曹"，疏引鄭玄云："殷地三等，百里、七十里、五十里。武王克殷，雖制五等之爵，而因殷三等之地。及周公制禮，大國五百里，小國百里，所因殷之諸侯，亦以功黜陟之。是以周世有爵尊而國小，爵卑而國大者。爵尊國小，蓋指州公、虞公也。"此一段大抵欲調停《王制》《周禮》之異同也，然尚説得未明。因其言推之，蓋百里、七十里、五十里者，初封之制也；五百至百里者，黜陟之制也。公侯之地百里，有功則可加至五百里、四百里。伯七十里，有功則可加至三百里。子男五十里，有功則可加至二百、一百里。若如州、虞之屬，未嘗加者，仍其始封之地而已。①

閲孔疏論啓蟄而郊，《明堂位》言周之正月郊者，蓋春秋之末魯稍僭侈，見天子冬至祭天，便以正月祀帝。記者不察其本，遂謂正月爲常。又鄭玄注書，多用讖緯，言天神有六，地祇有二。天有天皇大帝，又有五方之帝，地有昆侖之山神，又有神州之神。大司樂冬至祭於圜丘者，祭天皇上帝，月令四時迎氣於四郊者，祭五德之帝。蒼帝其名曰靈威仰，赤帝曰赤熛怒，黃帝曰含樞紐，白帝曰白招拒，黑帝曰叶光紀。魯無冬至之祭，惟祭靈威仰焉。惟鄭玄立此爲義，而先儒悉不然，故王肅言天體惟一，安得六天也？晋武帝，王肅之外孫也，泰始之初，定南北郊祭，一地一天，用王肅之義。

---

① "二百一百里"至"始封之地"共二十一字，"望雲仙館本"無。

杜君身處晋朝，共遵王説，集解釋例，都不言有二天，然則杜意天子冬至所祭，魯人啓蟄而郊，猶是一天，但異時祭耳。此注直云祀天南郊，不言靈威仰，明與鄭異也。觀此，可見注一書，必知此書之來歷。

查《一統志》，雲夢澤在德安之安陸縣南五十里，又云在荆門州，北連德安府雲夢界。考此二處，去江尚遠，不知何以古云跨江南北。查德安亦古江夏地，故注云：“在江夏安陸，枝江華容。”以地勢言之，則雲夢又在洞庭之西。

閱《左傳》鄧曼論楚子一段，有感於持盈之道，向讀所謂余心蕩者，未知如何謂之蕩。杜注謂“蕩，動散也”。“動”“散”二字，與主一無適正相反。臨事而思慮散亂不能專一是之謂蕩，非必荒淫放佚，然後爲蕩也。然以爲盈而蕩者，則又何故？夫思慮散亂之人，必隱然有一段自滿之意，若以目前之事爲不難，而旁思橫想，浸淫至於不可收拾，非精神耗散而喪身，則謀爲顛倒而僨事。然則鄧曼何不於王前一言提醒，使之收拾其心，以幹大事，而惟退而竊嘆也。曰：鄧曼亦必言之，而史不及詳，然亦知雖言之，而非一時所能收拾。甚矣，盈之爲害也。蓋楚子之心蕩，亦猶莫敖之舉趾高也。然莫敖之病浮，可以威救之，楚子之病深，非一時箴儆所能愈，惜乎鄧曼不能見之於早，至於此而後知之也。

《莊二十五年》“日食”，孔疏云：“古之曆書亡矣，漢興以來，草創其術，《三統》以爲五月二十三分月之二十而日月交會。近世爲曆者，皆以爲一百七十二日有餘而日一食。”觀此條，益知孔疏猶未達隋張胄元交食之法。

《莊二十六年》“晋士蔿爲大司空”，孔疏云：“晋自文公以後，世爲盟主，征伐諸國，卿以軍將爲名，司空非復卿官。故《文二年》‘司空士縠’非卿也，雖則非卿，職掌不異。《成十八年》傳曰‘右行辛爲司空，使修士蔿之法’，是其典事同也。”觀此，知當時官制變革，名同實異。《成二年》“晋司馬、司空，皆受一命之服”，疏云：“司馬、司空，本是卿官之名，但晋之諸卿，皆以三軍將佐爲號，其司馬司空，皆爲大夫之官。”

孔疏以“筮短龜長”爲卜人假托之詞，而非正理，最是。又云：“臭是氣之總名，原非善惡之稱，但既謂善氣爲香，故專以惡氣爲臭。”説“臭”字亦最明。

《僖九年》“甲子，晋侯佹諸卒”，孔疏云：“春秋之世，史失其守，赴告之文，多違禮制。計諸侯之薨，當以其薨之月日告於鄰國。《隱三年》傳曰：‘壬戌，平王崩。赴以庚戌，故書之。’是赴者妄稱日也。《襄二十八年》傳曰：‘王人來告喪，問崩日，以甲寅告，① 故書之。’是元赴不以日，被問乃稱日也。《文十四年》傳曰：‘七月乙卯夜，齊商人弒舍。齊人定懿公，使來告難，故書以九月。’是赴者不言死

---

① “寅”，原作“子”，據“陸子全書本”改。按，《左傳》相關原文作“甲寅”。

月，魯史不復審問，即書以來告之月也。此甲子晉侯卒，蓋赴以日而不以月，魯史不復審問，書其來告之日，惟稱甲子而已。不知甲子是何月之日，故戊辰後也。”按，此外如晉惠公卒於僖二十三年九月，而經書於二十四年之冬，孔疏皆云是因赴告而然。顧寧人乃據僖五年，殺太子申生，九年弒卓子，十年殺丕鄭，十五年戰韓原。經傳日月錯互，謂是晉用夏正，恐不其然，雖有《竹書紀年》之証，然《竹書》恐是僞作。

　　味韓簡對晉惠之言，見蓍龜能知吉凶，不能變吉凶。味內史叔興論宋襄之言，知災異由陰陽而見，不由陰陽而生。皆卓然明理之言。叔興之言，服虔、劉炫所解，勝於杜氏。杜氏將陰陽吉凶，各作一項說，而以《洪範》之咎徵，及《傳》所云“亂則妖災生”，皆歸之神道設教，而非實辭，恐涉於王介甫“天變不足畏”之說。孔疏兩載其義，而不敢斷，蓋亦知杜氏此說有病也。

　　子玉不肯以瓊弁玉纓祀河，子產不肯以瓘斝禳火。事相類而不同者，子產是恐以鬼神而廢人事，子玉是不知借鬼神以安人心。孔疏說得甚明。

　　《左傳》“襄王出居於氾”，杜注云是南氾；在襄城縣南。“秦軍氾南”，杜云是東氾。在滎陽中牟縣南。皆屬鄭地，皆音“凡”，然今鄭州氾水縣土人又讀作“巳”，不知何故。查《正韻》“氾”音“凡”，在“覃”韻，“氾”音“巳”，在“紙”

韻，二字不同。據《襄廿六年》疏，在中牟襄城者，是地名，在成皋者，是水名。《成四年》"晉伐鄭，取氾、祭"，孔疏云："杜注中牟縣有東氾，襄城縣有西氾，知此氾、祭，非彼二氾，而以成皋縣東有汜水者，以晉人所取，當是鄭之西北界，即今汜水也。《字書》水旁巳爲'汜'，水旁已爲'氾'，① 不相亂也。"查《韻會舉要》，成皋之"汜水"音"似"，從巳，襄城之"氾水"音"凡"，從已。漢高即位之氾，亦從已而音泛。曹咎自剄之汜水，則即成皋之汜水也。又衛懿公與狄戰滎澤，杜注云在河北，而《一統志》即指爲鄭州之滎澤縣，則在河南矣。

《僖三十年》魯饗周公閲，有"白、黑、形鹽"，注云"白，熬稻。黑，熬黍"，疏云"穀之白黑，惟稻黍爲然"。予猶憶李子正云北方之細米即稷，高粱即黍也，又有一種叫黃米者，② 似細米而稍大。以孔疏之言証之，誠然。但以律管累黍之義考之，則高粱恐未必是黍，③ 當再考。

寧武子不肯祀相，而子産勸晉祀鯀，孔氏疏亦未甚明。

---

① "巳"，原作"氾"，據"四庫全書本"改。
② "叫"，"望雲仙館本"作"名"。
③ "黍"，原作"圓"，據"陸子全書本"改。

卷　三

閱《左傳》文元年閏三月；哀二十七年十一月，辰在申；昭二十年二月，日南至；哀十二年十二月，螽，知春秋時，閏法差錯最多。所以杜預作《長曆》，止就《春秋》日月考其節候，最爲有見，孔疏論之亦最詳，後世乃欲以《春秋》驗曆法，或欲以曆法証《春秋》，皆見笑於杜氏者矣。

《文二年》孔疏云："鄭玄以明堂在國之陽，與祖廟別處。"左氏舊説及賈逵、盧植、蔡邕、服虔等，皆以祖廟與明堂爲一，故杜同之，孔之尊杜最至。

寧嬴論剛克柔克，俱在修己上説，與《書》解不同，而自不相背。

晋大夫莫賢於士會父子，而范氏不能如韓、魏之盛。考杜注，士會係士蒍之孫，宜其後之不昌矣，然猶有數世之久，則士會父子挽回造化之力也，是猶宣德、弘治之繼永樂與。

《文六年》"閏月，不告朔"，孔疏云："必於月朔爲此告朔、聽朔之禮者。人君遠細事以全委任之責，而又恐移聽於左右，故因月朔會群吏而聽大政，非徒議將然也，乃所以考已然，又惡其密聽之亂公也，故顯衆以斷之。”玩此一段，可以識政體。

閱《左傳》，文公四不視朔。夫不視止於四，則視朔之時多矣。不知告朔之禮，自何年始永廢，并不見經傳，而《論語》注云“魯文始不視朔”，蓋其端自此開也。

“葛藟猶能庇其本根”，疏云：“比之隱者謂之興，興之顯者謂之比。”説比興甚好。

孔疏疑鄧瞞之種類太奇，又疑其“處者爲劉氏”一句似漢儒之附會。疑得亦是。

《成二年》孔疏“大路”二字：“革、木是卿大夫車之尊者。鄭子蟜、叔孫穆子受之於王皆稱大，是也。金路是諸侯車之尊者，亦稱大。《定四年》大路、大旗是也。玉路，天子車之尊者，亦稱大。《顧命》‘大路在賓階面’是也。”又《成六年》辨内朝、外朝，“凡人君内朝二，外朝一。内朝二者，路門内外之朝也。外朝一者，庫門外之朝也。若諸侯三門皋、① 應、路，外朝則在應門外。魯之三門庫、雉、路，則外朝在雉門外”。如此之類，不看注疏，如何得明。

夫子論治，必先富之，然韓獻子曰“國饒則民驕佚”，敬姜曰“沃土之民不材”。蓋聖人原重本富，不重末富。

欒武子“善鈞從衆”一言，與子犯“師直爲壯”之説，

---

① “諸侯”，“陸子全書本”作“天子”。

同稱妙絶，逢滑論禍福，楚子囊言"君命以共"，亦是這個派頭。

孔疏："許，今潁川許昌是也，漢世名許縣耳，魏武改曰許昌。靈公遷葉，悼公遷夷，一名城父。又居析，一名白羽。許男斯遷容城。"按《一統志》，許昌即開封府許州，葉即南陽府裕州葉縣，城父在汝州，白羽即鄧州内乡縣，皆是楚地。蓋許自葉而夷而析，雖名爲國，其實是楚之縣矣。戰國之滕若欲遷時，亦是如此，想太王之遷，亦必奉命於殷，亦是此局面。

《成七年》"申公巫臣以兩之一卒適吳，舍偏兩之一焉"，疏云："惟言留一偏，不見原將車數，不知去時幾乘車去也。丘明爲《傳》，辭皆易解，此獨蹇澀，或誤。"玩此，[①] 可見文無起伏照應，便屬蹇澀。[②]

讀季文子對韓穿之言，至"信以行義"一句，因思當時最重在信，然所謂信，只是克踐其言。世盡有言之克踐，而心實虛浮者，所以聖人言信，必緊連"忠"字，此是王伯之辨。然聖門所以必言忠信者，又不是只怕人信而不忠，蓋亦怕人忠而不信。世有一等人，心實無私，而力量未足外，反爲遺漏，此又是學問疏密之辨。學者所當致力，雖忠而不信，

---

① "此"，"四庫全書本"作"之"。
② "玩此"至"蹇澀"十四字，"望雲仙館本"無。

也叫不得忠，然分看卻是二件。

孔疏《襄九年》辨"分野"云："天有十二次，地有九州。當彼十二次，《周禮》雖云皆有分星，不知其分誰分之也。星紀在於東北，吳、越實在東南，魯、衛東方諸侯，遙屬戌亥之次。徒以相傳爲説，其源不可得而聞之。蓋古之聖人，有以度知，非後人所能測也。"按孔氏不作斷語，最是。愚意此必由歷代星官占驗而得之，如某宿有變，其驗恒在某國，遂定以爲此國之分星，蓋非一人一代所能定也，其理亦本不可解。所謂星之與土，以精氣相屬，而不係乎方隅，庶幾得之，若唐一行"山河兩戒"之説，恐亦近穿鑿。

襄九年，《左傳》"遇《艮》之八"一句，孔疏云："謂《艮》之第二爻不變者，是八也。《周易》以變爲占，占九六之爻。《連山》《歸藏》以不變爲占，占七八之爻。"此固是矣，然《傳》只云"遇《艮》之八"，而不云《艮》之第二爻，是八亦未免蹇澀。

查地圖，山西河津縣是"祖乙居耿"之"耿"，與解州鹽池相近，《左傳》所謂"沃饒而近鹽"也。觀此，則殷之河患乃在山西。

孔疏《襄十一年》"作三軍"云："春秋之世，兵革遞興，出軍多少，量敵強弱，士卒之數，無復定準。成二年鞌之戰，晋車八百乘，計有六萬人，惟三卿帥之。"此説甚明。然復依鄭氏泥《詩》"公徒三萬"一言，謂僖公時已有三軍，自文公以來懼伯主之令，軍多則貢賦多，自減爲二軍，然其作其舍，不見於經者，非是故有所舍，故不書，生出許多葛藤。"孟氏使半爲臣，若子若弟，叔孫氏使盡爲臣"，此處文法，亦甚蹇澀，大意是言叔孫只取子弟，不取父兄，比季氏只得一半，孟氏只取子弟之半，比叔孫又只得一半。若無《昭五年》傳，則此處幾不可解。又秦后子"十里舍車"，"終事八反"，亦蹇澀。

《十二年》疏因"什吏"二字，知晉十人置吏，異於《周禮》五人爲伍之制，亦最細。

師曠論衛出君，與孟子"腹心""手足"之意一般。《春秋》於此，亦只書曰"衛侯出奔齊"，然有以警其君而無以警其臣，畢竟可疑。楚公子比，鄭公子歸生，齊陳乞，本無其心，必書曰"弑"，正可與此同參。

《襄廿一年》疏云："杜解地邑，自爲其例，言'在'者指知其處，言'有'者以示不審。"此例最好。

孔疏《襄廿二年》"御叔以臧武仲爲聖人"，云此"聖"字與《周禮》"知、仁、聖、義、中、和"，《尚書》"惟狂克念作聖""睿作聖"，《詩》"人之齊聖""皇父孔聖"諸"聖"字一例看，最是。

程鄭"降階"之言，本屬善言，然因其平素偓蹙，知其決不因學問而思謙退，故曰"不在程鄭"，必是勢窘而然。

《襄廿五年》："楚蒍掩度山林，鳩藪澤，辨京陵，表淳鹵，數疆潦，規偃豬，町原防，牧隰皋，井衍沃。"賈逵以爲此九事，是賦税差品。山林之地，九夫爲度，九度而當一井。藪澤之地，九夫爲鳩，八鳩而當一井。京陵以下，以次而重，如《周禮》"一易""再易""不易"之意。杜孔雖不用其説，然疏内仍詳載之，蓋左氏之旨，雖未必然，然亦可見土田當分等則，從古而然。

然明謂"視民如子，見不仁者誅之"，子産喜其語，而其告太叔，則曰"政如農功，日夜思之"。吾於是嘆子産之善用言也，蓋愛民而惡不仁，爲政之道無出此矣，而非思則愛惡或至於偏。觀子産都鄙有章，上下有服，及處子析、子南之際，豈漫然愛惡者哉？其得力於思深矣。

《襄廿七年》傳云"仲尼使舉是禮也，以爲多文辭"，疏云："仲尼見其事，善其言，使弟子舉是禮，以爲後人之法。"觀此，則知《禮記》所述不必皆三代之制，亦有春秋卿大夫所行，而仲尼采之者。

宋之盟，叔孫以違命貶，雖有小是，不録。杜預之説最是，而疏闡之亦最明。

晏子云"在外不得宰我一邑"句，解云："君出亡在外，① 雖我一故邑，尚不得主之，況邯殿乎？"此説甚是。疏以"宰"訓"益"，以"外"爲在邯殿之外，覺費解。

---

① "君"，"陸子全書本"作"若"。

　　孔疏解《小雅》《大雅》云："《小雅》所陳皆小事也，《大雅》所陳皆大事也。王道既衰，變《雅》并作。取《小雅》之音，歌其政事之變者，謂之變《小雅》。取《大雅》之音，歌其政事之變者，謂之變《大雅》。不復由政事之大小也。"又云正《雅》與二《南》同時，故曰"周德之衰"。杜注云："衰，小也，言是周未盛大之時。"蓋杜注以季子之嘆是嘆正《小雅》，服虔、劉炫則以爲嘆變《小雅》，杜似長。

　　"亥有二首六身"，孔疏云："古之'亥'，字體殊不然。蓋春秋時，亥字有二六之體，異於古制，亦異於小篆。"

　　蔿子馮之戒懼也，而其子蔿掩至於被戮，且掩又非不賢者。甚矣，權勢之不可戀也！此叔孫昭子所以致嘆於高彊也。范武子之戒燮，鄭公孫黑肱之貴而能貧，有位者不可不三復。

卷　四

　　《左傳·昭元年》子產曰：“君子有四時，朝以聽政，晝以訪問，夕以修令，夜以安身，於是乎節宣其氣，勿使有所壅閉湫底，以露其體。”疏解之曰：“凡人形神有限，不可久用，神久用則竭，形太勞則敝，不可以久勞也。神不用則鈍，形不用則痿，不可以久逸也。固當勞逸更遞，以宣散其氣。朝則聽政，久則疲，疲則易之以訪問。訪問久則倦，倦則易之以修令。修令久則怠，怠則易之以安身。安身久則滯，滯則易之以聽政。以後事改前心，則亦所以散其氣也。”此一段可與“寬猛相濟”之理同看，而《太史公自序》所言，蘇子瞻《御試策》所論，皆偏矣。又“露其體”下，即接以“茲心不爽，而昏亂百度”，疏云：“神隨形而盛衰，既露其體，則神識亦弱。”

　　申豐論“雹”，孔疏引鄭康成云：“國之失政，君子知其大者，其次知其小者。夫深山窮谷，固陰沍寒，極陰之處，冰凍所聚，不取其冰則氣蓄不泄，結凝而爲伏陰，雨水而伏陰薄之，則凝而爲雹。”詳載申豐之言，以著藏冰之禮不可廢。其實雹不是盡由冰，亦政失所致也，吾於此知所謂不賢者識其小者，執其一隅之見而未知道之大端，然道未始不在此也。又於此知古人之燮理陰陽，周密無遺。

觀毀中軍於施氏，成諸臧氏，知季氏之巧於卸罪，欲名實兼收。

女叔齊之論"儀"，與北宮文子之論"儀"，淺深不同，而各極其妙。

叔向論鑄刑書。孔疏有二意：其前則曰，《伊訓》云"先王肇修人紀，制《官刑》，穆王作《呂刑》"，《周禮》"司刑掌五刑之法"，皆是豫制刑矣。而云"臨事制刑，不豫設法"者，聖王雖制刑法，舉其大綱，但共犯一法，情有淺深，或輕而難原，或重而可恕，聽其時事，議其輕重，雖依準舊條，而斷有出入，不豫設定法，告示下民，令不測其淺深，常畏威而懼罪也。其後則曰，子產鑄刑書，而叔向責之，趙鞅鑄刑鼎，而仲尼譏之。如此傳文，則刑之輕重，不可使民知也。而李悝作法，蕭何造律，頒於天下，莫之能革，以今觀之，不可一日而無律也，斯有旨矣。古者分地建國，奕世相承，知國爲吾土，衆實吾民，不生殘賊之意，故得臨事議罪。秦漢以來，長吏以時遷代，其民非復已有，若任其縱舍，必將喜怒變常，愛憎改意，不得不作法以齊之。此又是一意。前說勝。愚常云"律可定而例不可定"，前說正是愚意。

白狄有二，有在晋之東者，《昭十二年》注所謂“鮮虞，白狄别種”是也。有在晋之西者，《成十三年》所謂“白狄及君同州”是也。

孔疏解“三墳五典”，不偏主一説。及解裨竈所論“陳災”“婺女”，① 則皆云“非吾徒所能測”，絶不穿鑿，最是得體。

相疑相忌之際，爲禍最速，觀於樂高、陳鮑之事，可不懼哉。

子産處駟乞之事，此與邲之戰孫叔敖初則南轅，終則曰“寧我薄人”，同一無我。

《昭二十一年》魯待范鞅十一牢，據疏因十四年魯人失禮，爲鮑國七牢，遂致范鞅之怒。其後哀七年，吳遂徵百牢。一失禮，遂無有底止，益嘆子産之善事大國。

叔孫穆子不肯行賂於樂王鮒，昭子不肯行賂於范獻子，同一正氣。

晏子論“和同”，疏云：“説和羹而不言豉，古人未有豉也。”疏亦不言豉爲何物，疑即今之醬。據疏謂《急就篇》乃有鹽豉，秦漢以來始爲之。

《昭二十一年》梓慎曰：“二分二至，日有食之，不爲災。日月之行也，分，同道也；至，相過也。”注云：“二分

---

① “論”，“陸子全書本”作“謂”。

日夜等，二至長短極。"然不言日夜等、長短極，何以便宜日食？孔疏亦不甚明。

孔疏"子太叔論禮"條下云："既言天之經，不可復言地之經，故變文稱義。既言則天之明，不可復言則地之性，故變文言因。因之與則，互相通也，正是變文使相避耳。"此可想古人換字之法。又太叔云："人之能自曲直以赴禮者，謂之成人。"疏云："性曲者以禮直之，性直者以禮曲之。"此意亦最精。

后夔有子伯封，此與堯、舜之朱均同。

《昭二十九年》孔疏論"重黎""烈山"，只援引經傳，絕不武斷，最得"不知爲不知"之意。

《定四年》："楚子涉雎濟江，入於雲中，奔鄖，又奔隨。"疏云："郢都在江北雎東，王走西涉雎，又南濟江，乃入於雲中，知此雲在江南。昭三年，王與鄭伯佃於江南之夢，謂此也。言江南之夢，則江北亦有夢矣，相如《子虛賦》云'雲夢者，方九百里'，則此澤跨江南北。"又云"隨，義陽隨縣，其國在楚之東也。鄖，江夏雲杜縣，則是楚之西南。吳師猶尚在楚，更東奔隨國者，蓋謂楚與隨有恩，謂可保守故也"。今按《一統志》，德安府治，唐爲安州，春秋時爲鄖子國，鬭辛爲鄖公即此，則此鄖在楚都東北矣。又鄖陽府鄖縣，古麇國，則又在楚都西北矣。又荆州府有鄖城，在府城南二百里，楚昭王時所築，此則在楚都西南矣，又似與江夏無干。又沔陽州景陵縣，則古之江夏雲杜，然又在楚都東南，而非西南，未知孰是。孫北海據沈存中說，謂楚子入雲，是江北之雲，恐難信。但沈氏定以江北之監利、景陵，江南之公安、石首爲雲夢，此則近之。大抵此澤在江南者，迤而西，在洞庭之右；在江北者，迤而東，與洞庭遥對矣。胡三省《通鑑注》據《漢陽志》云“雲在江北，夢在江南”，見《威烈王三十三年》鑑斷。

《定九年》“晋軍在中牟”，孔疏疑此與《論語》之中牟，當在河北，而非河南之中牟，最是。《定四年》辨豫章在江北，而非江南之豫章，亦是。

《哀元年》傳“有田一成，有衆一旅”，杜注云：“方十里爲成，五百人爲旅。”孔疏謂方十里，應有九百夫，而止五百人者，以“井衍沃”“牧隰皋”之法推之，二牧而當一井，蓋其一百夫授上地不易者，其四百夫授一易，二而當一，則爲五百夫矣。最精細。

齊國夏、衛石曼姑帥師圍戚，《公羊》之説最害義，注疏從《穀梁》而排《公羊》，最是。

觀董安於不能免於晋，萇弘不能免於周，春秋之末，至於如此，可嘆哉。

“陳乞僞事高、國”一段，嘆世途有如此嶮巇；轅濤塗之譖申侯，又不足言矣，可畏哉。

古書之參錯也，如一黃池之會，《國語》則吳先晋，《左傳》則晉先吳。一敬王、元王，《史記·周本紀》《十二諸侯年表》則以爲敬王崩，子元王仁立，元王八年崩，子定王介立，定王元年，是魯哀之二十七年。《世本》則以爲敬王崩，貞王介立，貞王崩，元王赤立。此但可傳疑，難武斷也。

　　孔疏言仲尼感麟而作《春秋》，所以感者，以聖人之生非其時，道無所施，與麟相類，故爲感也。杜以“獲麟”之義惟此而已，深譏《公羊》“反袂拭面，稱吾道窮”之説。若謂麟應孔子而至，則丘明、子思、孟軻、荀卿皆尊崇孔德，何以不言？此説最大雅。

　　《哀廿七年》傳云：“君子之謀也，始、中、終皆舉之，而後入焉。”注云：“所謂君子三思。”此不是始、中、終皆舉，只是一思。

　　孔疏“衛在汲郡朝歌”，文公遷楚丘，成公遷帝丘，則在東郡濮陽，則朝歌已爲狄有，後又入於晉，然疏未明言。

卷 五

　　看張爾公《大全辨》，見其於朱子分析處，必強辨其合，如《大學》三綱領，至善在明、新外。朱子《或問》云"慮其禮雖粗復，而有不純，己雖粗克，而有不盡"，其説精矣，而必辨之曰："有不盡，不可謂之克；有不純，便不可謂之復。"粗克、粗復之説，似是而非。八條目正、修在誠意外，朱子小注云"在官街上差了路"，其説精矣，而必辨之曰："信如朱子所云，則是誠意尚有缺陷，幸有正、修兩段可以補其不足。"果爾，則子思、孟子之言誠、身而不及正、修，其差錯寧有已乎？正、修兩傳，雖屬身心工夫，仍在誠意。噫！是未知朱子所謂"必析之有以極其精而不亂，然後合之有以盡其大而無餘"也。

　　閲黄太冲文知山陰之學，其病只在不知朱子所謂"析之極其精""合之盡其大"二語，故朱子分八條目，而山陰則以誠意爲了義，曰致知致此也，格物格此也；朱子以主敬置八條目之外，而山陰則以誠意當主敬。太冲《與姜定庵書》云致知之外，乃澄然未發之體，因觳觫而不忍，因乍見而惻隱，此知之已發者。吾之所致者，在澄然之體，由澄然而發見。發見者，無所容吾致也。噫！如此説，則朱子"當因其所發而遂明之"一語，如何解乎？

先儒謂格物之外，無致知工夫，此言有味。蓋舍格物而言致知工夫，則惟有良知耳，良知不可恃也，惟有主靜耳，主靜亦不可恃也。

講致知格物，見朱子言用力之方云："或考之事爲之著，或察之念慮之微，或求之文字之中，或索之講論之際。"愚意此四句中，皆有學問思辨在。

宋崑友以所作"致知格物"文示余曰："學術異同，俱自此句始，故欲借此以正世之謬。"其文大抵謂格物工夫，緊接小學，小學之後，知識漸開亦漸淆，故格物者所以擴充其聰明，範圍其知識者也。豈無生知、良知，而生知不恒有，良知不可恃也。做格物工夫，似偏似涣，而不厭其偏，不厭其涣，循其緩急輕重，審其難易淺深，由其當然以及其所以然，由勉而幾於安，此所以爲小學之終，而大學之始也。致知在格物，猶曰致知者必敎之格物云耳，全在敎者主張。其論甚正。

魚裳兄弟來，予舉《盤銘》及"切磋琢磨"之義商之，旗公謂"苟日新"三句内，句句皆有切磋琢磨工夫，予首肯之。

講"如保赤子"節，因思天下事，皆不可不學而能。此只指一點誠心説耳，即保赤子中，亦有許多事須學而能，此緣在致知格物後，故只重一點誠心説。

講《論語序説》，辨孔子始生之日，查《春秋大全》，《公羊》言襄公二十一年十有一月庚子，孔子生；《穀梁》則書庚子於十月之後。以此年十月庚辰朔考之，則十一月無庚子，庚子乃十月二十一日也，《穀梁》是，而《公羊》非。周十月，今八月，是孔子生日，爲八月二十一日無疑也，然以《史記》考之，則孔子之生，乃在襄公二十二年，杜預亦主之。朱子《論語序説》用《史記》生年，而序《公羊》月日於下，於是説者自二十一年十月庚辰朔推之，除朔虚六日，則以二十二年十月二十七日庚子爲孔子生日，實今之八月二十七日也。二説未詳孰是。《通考》吳氏程取《索隱》之説，謂《史記》以周正十一月爲屬明年，故誤，而朱子因之。當再考。大抵以爲二十一日生，則當是己酉歲生，七十四歲；以爲二十七日生，則當是庚戌歲生，七十三歲。

宋崐友論“人不知而不愠”云：“人非必君相，一家之中，父子兄弟亦人也，如舜之處頑嚚而克諧以孝，即所謂人不知而不愠也。”

“無友不如己者”，須先看道之同不同，若道先不同了，又不必論如不如。又須看心術之同不同，若心術不同矣，亦不必論如不如。此不如己者，與“損者三友”及“道不同”二章有別。

“夫子至於是邦也，必聞其政”，此特自其一邊言之耳，有必聞者，亦有必不聞者，如橫征暴斂之事，① 豈肯使夫子知之。

“不失其親”一句，工夫最難，一有所失，費許多深思遠慮，只救得一半。

評奚士柱“由誨女”一節文，見得注中所謂自欺，不是掩飾，只是氣粗不能自知。

看“知其説者，之於天下也”二句文，覺得此章即是一貫道理。

魏庸齋疑好仁惡不仁，隱居求志，行義達道，見過内自訟，好德如好色，顔、曾、漆雕開、仲弓、子路、南容，盡足以當之，何云未見？張簣山答之有二意，一則云：夫子所嘆未見，或偶以此勉人，或有所感而云，非竟以爲空谷足音。一則云：夫子生平無一日非望道未見之心，則是數者尚不能以信諸己，安能以信諸人？此又是就其極而言，當合看。末又言此仍非必不可幾之事，誠能從内自訟做起，由勉歸熟，安知不將旦暮遇之，尤妙。

與學生論“子出”一題，宜主教“不躐等”説，時文多亂拈。

忠只是一心，恕則千變萬化。做得未熟，忠自忠，恕自

---

① “征”，原作“政”，據“四庫全書本”與“陸子全書本”改。

恕，做得熟了，忠自能恕。忠、信亦然。忠是一心之誠，信是隨事之誠，忠到熟時自無不信，未到熟時，固有忠而不信者。

喻義喻利，皆有一貫氣象。君子之心，融洽於義，發出來無非是義。小人之心，融洽於利，發出來無非是利。

"吾斯之未能信"一語，意味深長，蓋大綱之信猶易，節目之信最難，知處信猶易，行處信最難，順處信猶易，逆處信最難。

漆雕開已見大意，而能謙退精進，所以子説，如陳清瀾《學蔀通辨》亦可謂已見大意，但少此一段氣象。

心有已發、未發之分，其發也，又有存心、處事之分，當理而無私心，乃是合存心處事言之。

"不貳過"之境界，其難處有二：一則因循怠忽牽制，過將復生；一則雖有心改過，而見識未到，如因噎廢食，矯枉過正，亦是貳過。

《張簀山集》內，有與魏庸齋論尋孔、顏樂處。庸齋云："舍功問效，如舍舟渡水，舍梯登屋，終日尋不能得。否則講説高妙，動涉禪機，茫無把捉，不若溯流窮源，從切實下手處尋去，水到渠成，自有樂地。"簀山云："樂者，即吾之本體，成之性，得之天，非從外面攙和，非從後來添設。獨恐爲境遷，爲物撓，爲欲蔽，遂舉本來樂體，被無端怨尤填胸滿膺。非用一番工夫，一番尋求，便説曠達放誕，總非向來真樂。"又云："識本體固難，復本體尤難。"二先生説"尋"字最好，皆本《集注》朱子之意。庸齋又云："從何尋，曰下學上達，克己復禮。"簀山又自述其山房舊有扁，命云"尋孔顏樂處"，聯云"問孔子何以樂，曰發憤忘食；問顏子何以樂，曰既竭吾才"。又云："言孔顏樂處，即知思孟樂處。"皆足補《集注》所未及。

"博施濟衆""修己以敬"二章，一是順説，一是逆説，合看可見體用之妙。

"亡而爲有"三句，無忌憚之小人如此，鄉愿亦如此。此二種人，皆與有恒相反，一則務以驚人，一則務以悦人。

看《讀書録》，見文清云"知崇如博文，禮卑如約禮"，又云"道問學是知崇，尊德性是禮卑"，覺《中庸》《論語》得此豁然。

閲席生衣敝緼袍章文，① 見包孝肅、海忠介，猶不免以是道爲臧。

聖人屏氣似不息，不是升堂時始屏，是無刻不調其氣，故雖升堂時，自下而上，氣易動而不動。

與席生講"克己"二字，云："己能入於視聽言動，亦能入於喜怒哀樂。子臣弟友，禮樂刑政，能急能緩，能顯能隱，有剛有柔。有克伐怨欲，意必固我，或生於氣質，或生

---

① "生"，原作"人"，據"四庫全書本"與"陸子全書本"改。

於習俗，千態萬狀，而總名之曰‘危’。"①

曾點之春風沂水，即子思之鳶飛魚躍。蓋以道極於至大而無外，而僅於兵農禮樂求之，則狹矣；道入於至小而無間，而僅於兵農禮樂求之，則粗矣。隨時隨處隨人，皆有當然之理。有一毫缺欠，便非所以報知已。今日有一毫欠缺，他日便難保其無欠缺，此即伊尹"一夫不獲""時予之辜""耕莘樂道"意思。故謂其有堯舜氣象，但點只此見得，未能行得。漆雕開所未信者，亦是指此境界。

《簣山語録》云："曾點之樂，是日月至焉之樂。顏子之樂，是三月不違之樂。但有生熟之分，皆是實見，與虛見不同。"看得最好。

子路雖稱忠信明決，片言可以折獄，然獄亦有子路所不能決者，或人雖服而理未合，或事可疑而情難得。非忠信明決之無用，蓋子路之忠信明決，與聖人之忠信明決，猶有間也，亦有聖人之所不知不能者。

夫子言"舉爾所知，爾所不知，人其舍諸"，見聖人論治，與綜核之治，真有天壤之別。綜核之徒論選舉，未有不急防人之欺蔽者，聖人則所重在舉爾所知，蓋在我一段至誠之念，正大之氣，未有不能動人者，何患賢才之不可盡知耶？若沾沾以綜核爲事，則是名家之所爲，一法立而一弊生，其

---

① "危"，"四庫全書本"作"已"。

爲紛擾，不亦甚乎？此當與視觀察者同看。

刁蒙吉講"冉子退朝"章云："注謂正名分者，正政之名，則爲君之分；正事之名，則爲臣之分也。"講"名分"二字最明。

春秋之末，漸成一利口世界，《莊子》一書，以利口談理；《戰國策》一書，以利口議事。夫子所以思木訥之近仁，然則思剛毅者何？曰：此則以鄉愿多也。

"朋友切切偲偲"分數要，看是何等樣朋友，當何等樣切偲：其性情有剛柔之不同，其病痛有深淺之不同，其與我交，又有久暫之不同，雖皆當切偲，然其中分數，須當酌量。

看《念臺學言》，見其論升沉得失之際，不能徹底澄清，一日乘間又竊發，因思克伐怨欲不行，不但是不行到外面，叫不得仁，就使連念頭都禁住了，而其根尚潛伏，如程子之見獵，畢竟有時而發，亦叫未得仁。陽明病瘧之喻，正是此意。《中庸》所謂無所偏倚，是無纖毫病根潛伏也。既又思之，朱子言心之未發，如鑑空衡平，無正不正之可言，又曰未發之前，氣不用事，若與此不同，何故？曰：朱子所言，是就無病之人説。無病之人，只怕得發時走作，若有病根潛伏，則當其未發，便叫不得無偏倚。

"先覺"二字，有覺之而有以制之者，有覺之而不必有以制之者，亦有竟不覺而無礙其爲先覺者。

天下事不如意者十常八九，自世俗觀之，不由於天便由於人，故天無處不可怨，人無處不可尤。自君子觀之，只是我認理不精，處置得不停當，無天之可怨，無人之可尤。不怨不尤之義真妙。天之可怨處亦多矣，人之可尤處亦多矣，大抵天人多囿於氣質中。我以義理律之，則見其可怨尤，我亦以氣質衡之，則益見其可怨尤，惟靜以聽之，而止盡我所當爲。久之，天與人亦當見諒，即未見諒，而我之浩然者，質之義理而無愧怍，此聖人所謂"知我其天"也。

或言子貢聞"一貫"之語，倘有人問之曰"何謂也"，當如何應之？余曰："應之曰，夫子之道，居敬窮理而已。"或疑"敬"字不屬知，余云："敬統知行。"

世衰道微，君子獨卓然秉正，群起而咻之者，不知凡幾也。我既不能過化存神，又未能磨不磷，涅不淄，而與之相爲謀，危矣！非爲所誘而不知，則日角勝而不已，故夫子告之曰"道不同不相爲謀"，此爲大賢以下言之也。不相謀有二法，一如孟子之待楊墨，一如孟子之待鄉愿，非徒棄之而已也。故《诗》曰："他山之石，可以攻玉。"

閱"子張問仁"節會墨，因思聖門所謂仁者，豈非所謂一乎仁，則一矣。

勇而無禮，是輕浮一流；果敢而窒，是執拗一流。"勇"與"剛"之分，亦如此。

"逸民"章，多就其清一邊言，不比孟子分清和。

閱山東首題墨，見其以"平實淡漠虛靜"等字，講"夫子之墙"，最妙。乃知"墙"如《中庸》之言"絅"，宗廟百官，猶《中庸》之言錦絅在外，人便不知其錦。《大全》中未有此説，然卻不可易講。"墙"字要求着落，猶"由之瑟"章，"堂""室"字須有着落也，《大全》中不曾説到此，愚前看《大全》時，亦不曾見及此。

卷　六

　　"天命之謂性"三句,俱在《大學》首節"明德"二字内。"戒懼慎獨",則在上一個"明"字内。

　　李厚庵言存養工夫該動靜,《大學》八條目不言存養,是接小學來,句句内有存養作脚也。《中庸》言存養,亦便包得擇執工夫,下面只是抽出言之耳,因言冉永光以存養專屬靜之非。

　　看《中庸》喜怒哀樂,即《或問》見朱子謂龜山"其慟,其喜,中固自若"之説雜於佛老,恍然見聖賢應事之心,與異端不同。異端之心,當喜怒哀樂之時,其心漠然,同於木石,而姑外示如此之形。聖賢之心,當喜怒哀樂之時,則是未發之理,發見在此,一事一物之中,皆可謂之無心,而誠僞之相去天淵。

　　子思前言"性道",後復言"中和"。蓋言性道,或疑其迂遠,而道不可離之意猶未甚顯;言中和,則必不能不謂之大本,達道而不可離也,明矣。

　　在物爲理,即達道也;處物爲義,即達德也。達道、達德俱是性，亦俱是命。《中庸》首章言道不言德者，蓋道與德，分言之則爲二；專言之，則言德可以包道，言道可以包德。

爲靈邑諸生評"中"也者，天下之大本也，文見其多云虛能生實，予謂惟實能生虛。虛安能生實？謂虛能生實者，此佛老之見也。朱子無極而太極之辨，專爲此。

"天地位"，只是天下大綱都好了，故致中便能如此，此尚未難。"萬物育"，是天下事事都好了，須致和方能如此，此最是難事。雖云體立而後用行，然用行更難於體立。天命率性，大德小德，德性問學，皆可如此分配。"天地位"，"萬物育"，猶言大綱正，萬目舉。

李厚庵講"不行不明"章，言子弟中有知者愚者，不當急求其明，且責其行，能行然後能明；子弟中有賢者不肖者，不當急求其行，且責其明，能明然後能行。

講"以人治人"，見雲峰胡氏曰"以衆人望人，不敢遽以聖人責人"，正與《或問》意合。史氏伯璿非之者，誤也。所謂"衆人望人"中，亦有至善在。

"所以行之者一也"，此"一"字，與"一貫"之"一"本同，但"一貫"之"一"，是功夫熟後得手處，此"一"字，起手即要是徹始徹終者。

厚庵欲以"尊德性"專就主敬言，而以"道問學"包力行。

夢中體認《孟子》"無傷也，是乃仁術也"一節，此當與釣而不綱，弋不射宿，不殺胎，不伐夭同看。愛物之仁，只應如此，此其所以爲無伤也，覺津津有味。

孟子養氣，即制外養中之法，先立乎大，是内外本末交相培養。

"義襲而取"，不但告子，即從事知言養氣者，工夫一分未到，一分便是義襲。

薛文清論"養氣"章云："知言者盡心知性，物格知至之功，又在持志之先，理明則能持志集義，而又無忘無助長，則浩然之氣自生矣。"余向疑知言、持志是一項事，歷觀諸講章，無有説得明白者，得此豁然。又曰"主敬可以持志，少欲可以養氣"，此又補本章所未及。

古之井田，随其地宜，非通天下可行也，觀《左傳》所云"疆以周索""疆以戎索"，及蒍掩"牧隰皋，井衍沃"可見。又《周禮・載師》注疏尤明，孟子所云"野九一""國中什一"者，恐亦是就滕之地形而言。

李見羅云："仕、止、久、速外，別無秋陽江漢。"此言甚好，然卻未盡，如喜怒哀樂，子臣弟友，皆是秋陽江漢。又以"一貫"言之，則一個秋陽江漢，貫萬個秋陽江漢。

閲"天之高也"一節文，思此章所謂"鑿"有二種，一是不讀書之鑿，一是多讀書之鑿。不讀書之鑿，不知故者也；多讀書之鑿，不知故之利者也。

講“千歲之日至，可坐而致”，覺此章易爲良知家所借，蓋鑿與不鑿，其辨在毫釐之間，非居敬窮理，未易明白。

學生問伯夷、伊尹、柳下惠，與楊、墨同異。愚因思夷、尹、惠，是中道上之偏，楊、墨是中道外之偏。譬如三間廳，夷、尹、惠皆在中一間，但略有些偏，若楊、墨則偏在兩旁着壁去了。

孟子云“仁，人心也”，是指仁爲心，象山是指心爲仁。

仁、義、禮、智四者，各有體用，而以其流行之序言之，仁初發出，則只是一點萌芽，及其盛，則爲禮，及其成，則爲義，既成而藏，則爲智。孟子所以指仁爲人心，義爲人路，其實仁義禮智皆在心。

“先立乎大”，“立”字工夫，兼持志養氣，直解專以持志講此“立”字，豈養氣工夫，在從小體内乎，殊誤。

與學生講“登東山”節，問曰：“孔子既如是不可及，何以又曰彼丈夫也，我丈夫也?”余曰：“且未說及此。”講至末節，曰：“孔子豈不可及哉，但學之當有序。”

閱“聖人百世之師”章文，想“親炙”二字，見成周風俗之厚，伯夷有功焉；春秋之末，至於戰國，柳下惠有功焉。

閱《大全》“養心莫善”章，見黃勉齋一條云：“孟子嘗言‘求放心’矣，又言‘存其心’矣。操之則存，舍之則亡，心之存亡，決於操舍。而又曰‘莫善於寡欲’，何也? 操存，固學者之先務，然人惟一心，而攻之者衆，聲色臭味交乎外，榮辱利害動乎內，隨感而應，無有窮已，則清明純一之體，又安能保其常存而不放哉。此孟子發明操存之説，而又以爲莫善於寡欲也。雖然，寡欲固善矣，然非真知。夫天理人欲之分，則何以施克治之功哉？故格物致知又所以爲寡欲之要，此又學者之所當察也。"愚因想及"求放心"章，雙峰述勉齋之説曰："此章首言人心，是言仁乃人之心，次言放其心而不知求，末言學問之道非止一端。如講習討論，玩索涵養，持守踐行，擴充克治，皆是其所以如此者，非有他也，不過求我所失之仁而已，此乃學問之道也。三個'心'字，脈絡聯貫，皆是指仁而言。"依後一條，則是寡欲即在求放心之內；依前一條，則似寡欲又在求放心之外。二條不同，然其實一也，寡欲即在求放心內。孟子於"養心"章，則又抽出言之耳。即如"操存"章，程子曰"操之之道，敬以直內"而已，亦是抽出一"敬"言之。

"由堯舜"章末二句，與"好辨"章"吾爲此懼"一句相合，此不是誇張語，乃是憂深慮遠之語。當時"守先待後"一段，臨深履薄光景，直從堯舜之兢業發來。

思輯《四書》《困勉錄》例注疏大全，或問俱不必編入，不欲廢成書也。陸、王之學，不必多辨，有《學蔀通辨》在也，內當分學、問、思、辨、行五項。采宋元諸儒之言，是謂學。采明興以來及近年諸儒之言，是謂問。發先儒之未發，以"愚按"冠之，是謂思。辨諸儒説之同異，以"愚又按"

冠之，是謂辨。策勵學者，勿徒爲空言，以“學者讀此章”五字冠之，是謂行。

讀《太極圖説》注，深有味乎“繼之”者，善一“繼”字。“繼之”，即所謂“萬物資始”也，不言始而言繼，蓋陰陽無始也。此等處，朱子發得真是十分明白。

《讀書録》謂太極純乎理，陽動陰靜兼理氣，又謂太極在陽動陰靜之前，此等處皆看得未融洽，非程子“體用一源，顯微無間”“動靜無端，陰陽無始”之意。

“太極圖”中之五行，非指鑄鼎之金，作室之木，江河之水，鑽燧之火也，乃指天地間陰陽之氣，有此五者耳。

程子“體用一源，顯微無間”二語，是周子“無極而太極”一句内意。“動靜無端，陰陽無始”二語，是周子“動極而靜”以下之意。薛文清講動靜陰陽最明，講體用顯微，卻有可疑，當查。

《吕涇野集》有云：“盈天地間皆氣也，氣而形，皆物也，物而則，皆道也，知形之顯於有，即道之妙於無，知道之妙於無，即形之顯於有，非舍形氣之外，復有所謂道也。”此論可羽翼《太極圖説》。

“聖人定之以中正仁義”，此即所謂道心常爲之主，而人心聽命焉。“定之”“之”字，指人心承上文“善惡分”來。

《學蔀通辨》言周子主靜，“靜”字只好做“敬”字看，此最宜玩。

閱《念臺學言》，見其以“靜亦靜，動亦靜”講周子“主靜”二字。據朱子《太極圖解》，則“主靜”二字全不是此意，此乃是程子《定性書》之意，似不當牽而一之。

《近思錄》載《通書》第三章，而不載第一章、二章，以其不出《太極圖說》之意也。第三章一“幾”字，乃補《圖說》所未詳，即邵子所云“一陽初動處，萬物未生時”也。

《圖說》言太極，《通書》便言誠。《圖說》言陽動陰靜，《通書》便言誠通誠復。《圖說》言五行，《通書》便言元亨利貞。《圖說》言中正仁義，《通書》便言五常百行。《圖說》言修吉悖凶，《通書》便言邪暗塞。果確。

《近思錄》第三段程子論“中和”，此是朱子因“中和”舊說之非，而特載此。

閱《近思錄》明道論“上天之載，無聲無臭，其體則謂之易”云，因思《書》言人心道心，《易》言形上形下，孟子“浩然之氣”四字卻括盡，而曰“浩然”便已理氣合一，所謂器亦道，道亦器也。

《近思錄》不載橫渠“由太虛，有天之名”條，及“一故神”，想以其詞未達意與？

《近思錄》以伊川、顏子論列明道《定性書》，前此有深意。蓋朱子嘗言《定性書》一篇之中，都不見一個下手處；又云《定性書》不是正心誠意工夫，是正心誠意以後事，故將伊川之論列於前，是即定性下手工夫也。

　　查《近思録》橫渠"心統性情"一條，"爲天地立心"一條，皆《正蒙》所無。《儒宗理要》即采之性理，《近思録》而列於"拾遺"内，蓋張子之書，不能盡傳矣。

　　將《小學》示學生，因看《立教》篇《内則》一條，嘆古人之教，必防之於未然，必使之以漸進，所以教無不成。

　　與學生講《小學·明倫篇》《内則》"子事父母"一條，想見古人一團愛敬之意，融結而出，分不得某處是愛，某處是敬。

　　與學生講《小學》，見《禮記》説不登高，不臨深，不苟訾，不苟笑，夫苟訾苟笑，與登高臨深一樣，可不畏哉！

卷　七

　　《莊渠遺書》内，有《與余子積書》云："《朱子晚年定論》，近始見之，似不計年之先後，論之異同，但合己意，即收載之耳。今亦無論其他，如載《答何叔京書》，所謂因良心發見之微，猛省提撕，使心不放，便是做工夫本領，此正中年以前未定之論，與'中和'舊説相同也。文公論心學凡三變，如存齋記所謂心之爲物，不可以形體求，不可以聞見得，惟存之之久，則日用之間，若有見焉。此則少年學禪，見得昭昭靈靈意思，及見延平，盡悟其失，後會南軒，始聞五峰之學，以察識端倪爲最初下手處，未免闕卻平時涵養一節工夫。《別南軒诗》所謂'惟應酬酢處，特達見本根'，《答何叔京書》尾謂南軒入處精切，皆謂此也。'中和'舊説，論此尤詳。其後自悟其失，改定已發未發之論，然後體用不偏，動靜交致其力，工夫方得渾全，此其終身定見也。《祭南軒文》，始所同嚌，而終所共棄，其此類也夫。大抵先生自其初年，固已卓然有志聖學，然未免爲言語文字分卻工夫，至於中年以後，方有一規模。今日正當因先生已定之論，而反証其未定者，庶幾有所持循也。"觀此條，莊渠之學頗正。

　　唐荊川編《諸儒語要》十卷，高景逸序云："前六卷皆諸先生所自得語，後四卷則辨析同異。然前六卷載周、程、張、朱五先生，上蔡、龜山、五峰、南軒之語，而終以象山、慈湖、白沙、陽明之語，如河津餘干，不得與焉，則去取未當也。後四卷雜取先儒之言，而不注明姓氏，則條例未善也。"又有《續語要》六卷，則係薛文清、吳康齋、陳剩夫、章楓山、胡敬齋、曹月川、蔡虛齋、魏莊渠、徐養齋、尤西川、呂涇野、王心齋、羅念庵、羅近溪、錢緒山、王龍溪、鄒東廓十七人之言，宛陵黃一騰所纂輯也，然遺羅整庵、邵二泉，亦不能無議。徐養齋、尤西川，未詳其爲何人。曹月川，余未見其書。今觀此編所載，如云人氣聚而生，氣散而死，猶旦晝之必然，安有死而復生爲人，生而復死爲鬼，往來不已，而爲輪迴哉？其言卓然。又此編載其《太極圖説·述解序》《存疑録序》《儒者宗統譜序》《家規輯略序》，則其書皆傳於世。尤西川大約是良知家，然其言有甚精當者，如云凡人有向善之心，而又使人怪者，多是自己勝心氣浮，有以致之，且如講説事理，或論文説書，少有所見，即思壓人，或是挾知故問，人言未畢，即伸己意。此等處雖善亦惡也，又或被人規警，不肯認過改悔，委曲輾轉，尋路出脱，則是彼有愛我之心，我反拒之，以此交人，人誰容乎？必須

虛心平氣，謙己下人，求益不求勝可也。又云未悉人言，而
輒伸己意，此學者通病，卻在未悉輒伸之間，不在議論是非
處。又云後生於前賢及前輩語言，有與我不合者，尤須下氣
抑心，反覆詳味，必不可從，然後斷之；尤須克去勝心，勿
以一言得失，輕議前人，苟同之與立異，皆私心也，更學何
事。又云正大光明之士，未免有以善服人之病。又云風水家
說，壞人心術，斷以大義，禁而絕之可也；六經四書，不言
風水，苟於禮義有關，孔孟當詳說之矣。又云我儒言仁統四
德，然四德亦各統仁，隨時隨事立名，非有偏全之異，理一
而已。按《幾亭學言》第一卷內，又云禮義智，皆仁也，言
心也，若以事，則仁義知皆禮而已矣。是故教人爲國以禮。
禮也者，三者之暢於四支，發於事業者也。非禮，則三者不
可見，亦無自行。

　　葉訒庵諄諄以躬行爲重，論學不以陽明爲不是，出衛爾
錫《潛齋寱言》相示。衛亦微向陽明者，《寱言》中云立大
志，審幾微，踏實地。又云初學不制俗情，無以見至情，然
至情未能發動，終擺脫俗情不來，故致曲集義，皆因其所發
而擴充之，使有火然泉達之勢。又云學者未能中行，寧爲狂
狷，未可與權，先求有立，未能溫良恭儉讓，先爲剛毅木訥。
此皆名言。

　　陸桴亭《性善圖說》，大旨謂人性之善，正要在氣質上
看。此只說得朱子"不離氣質"一邊，而略了"不雜氣質"

一邊，此《圖》甚不必作。至論高、顧大旨，而深取高子“無聲無臭即至善也”一語，謂陽明以善爲有聲臭，故説無善無惡。豈知善固無聲無臭者乎？不知高子此語亦未是。謂善無聲無臭，是知無極而未知太極也，知沖漠無朕，而未知萬象森然已備也。雖若異乎陽明之説，而實與陽明之説同歸也。

張幹臣《困知記》序云：“始也以儒而托於禪，既也以禪之實簒儒，復以儒之名攻禪，有崇正學之稱，而已非正學，有闢異端之論，而已趨異端。”此數語曲盡嘉、隆以來講學之弊。

較對《困知記》，見整庵論薛文清“氣有聚散，理無聚散”之説，云：“氣之聚，便是聚之理，氣之散，便是散之理，惟其有聚有散，是乃所謂理也。若云一有一無，則非理氣無縫隙之論矣。”此一段説得最好，與整庵別處論理氣不同。余前疑文清之言未融，得此豁然。

容城孫奇逢字鍾元。《理學宗傳》一書，混朱、陸、陽明而一之，蓋未知考正《晚年定論》也；但慈湖、龍溪、近溪、海門，則列在末卷補遺之中，蓋亦知其非矣。

《理學宗傳》章本清“心性説”曰：“心學傳自虞廷。雖曰觀諸孩提之愛敬，則人生之初，其心本無不善；觀之行道，乞人不受嘑蹴。雖牿亡之後，本心猶有未盡泯者，不知此乃聖賢多方引誘，或指點於未喪之前，或指點於既喪之後，無非欲人自識其本心以自存也。不然，人莫不爲孩提也，曾有漸長，不爲物引習移者乎？乞人不受嘑蹴，曾有永保此心而勿喪者乎？譬之穀種，不種不生；譬之真金，不淘不淨。近之論心學者，如之何競指衆人見在之心，即與聖人同也。”其說甚正，然觀其意卻似以心爲主而以理從之，不是以理爲主而以心從之。又見錢緒山論師門虛寂之旨，曰：“變動周流，虛以適變，無思無爲，寂以通感。大《易》之訓也，自聖學衰而微言絕，學者執於典要，泥於思爲變通，感通之旨遂亡。彼佛氏者，乘其衰而入，即吾儒之精髓用之以主持世教，爲吾儒者僅僅自守，徒欲以虛聲拒之，不足以服其心，言及虛寂，反從而避忌之，不知此原是吾儒家常茶飯，淪落失傳，以至此耳。”此其援儒入墨，推墨附儒，可謂巧矣。又論無善無惡曰：“目無色，故能盡天下之色；耳無聲，故能盡萬物之聲；心無善，故能盡天下萬事之善。”直是放言無忌。愚思王氏與高弟語言流傳者，宜仿《陽明要書》例，摘而辨之，庶使後世不再惑也。

象山云“六經皆我注脚”，率天下之人而禍六經者，必此言也。夫此正朱子所謂“以意捉志”，而非“以意逆志”也。

學者不知正學，而輕於信人，如《理學宗傳》所載賀克恭之於白沙，南元善、徐珊等之於陽明，此正朱子所謂“篤信而不好學，則所信非其正”者也。南元善，字大吉，渭南人，陽明座師聞講學，遂列弟子列。徐珊，師陽明，舉鄉試，癸未南宮以心學爲問，陰以闢陽明，珊讀策問嘆曰："吾烏能昧吾知，以倖時好耶？"不對而出。聞者嘆之曰："尹彥明後一人也。"同門歐陽德、魏良弼等直發師旨不諱，亦在取列。克恭刻白沙像，懸於室。

黃太冲有《沈清溪墓誌》，言心性之辨亦明，大約自羅整庵痛言象山、陽明之後，如高景逸、劉念臺，皆不敢復指心爲性。但心性之辨雖明，亦不過謂心爲氣，而性爲理，心之中有性，而性非即心云爾，其欲專守夫心，以籠罩夫理則一也，特陽明則視理在心外，高、劉則視理在心內。高則以靜坐爲主，劉則以慎獨爲主而謂無動無靜；高則似周子主靜之說，劉則似程子定性之說及朱子中和初說，而皆失其真。

江陵《請開經筵疏》有"聖功已密而益密，聖德日新而又新"之語，因思《大學》曰"又日新"，《孟子》曰"又從而振德之"，此兩"又"字最有味，凡爲學教人，俱不可不知此"又"字。

汪苕文《與計甫草書》曰："宗門之教，固有不可思議者，然欲合孔子之道與禪爲一，則辟諸傾乳入酒，終於酒乳俱貶。"[①] 此條似是而非。如此言，卻似宗門原有妙處，但不可與吾儒合，則亦何怪天下之從之哉？昔之佞佛者，多合三教；今之佞佛者，又多分三教。

---

① "貶"，"陸子全書本"作"敗"。

《張瑤山文集》内，有《玉山遺響》一種，其一條云："居茅屋中，每從搜覽之暇，默坐觀心，焚香一炷，雖本體照徹不得遽信，覺山空人靜，諸緣屏退，點塵不到，精神收拾，透裏快然。"又其序云"建我師祠，以俎豆薛、胡、羅、高四先生"，則其學大抵微近於梁溪。

又一條云："塘南王公云孔子曰'無知'，陽明言知善知惡是'良知'，姑就初學所及言之，使從此透入，必透到水窮山盡處乃可。"夫單提良知，既爲後人所疑，而塘南又淺視良知，提出無知，水盡山窮，從何下手？此説得好。

又一條云："水簾洞天半路斷，始以梯升，繼則甃石而上，然空中階級，意在速成，根脚不平，未及旬日，雨過則崩。程子曰：'須是大其心使開闊，譬如九層之臺，須大做脚始得。'"又稱康節空中樓閣，朱子言其四通八達，須實地上安脚更好。嗟嗟，夫心之所之曰"志"。學者立志，當以君子自待，以希聖希賢希天自期，最不可薄視此身，隘視此心，掀天揭地，全在脚根。否則便小有成就，亦非大規模，久則且如風中草，任其波靡，如水上萍，聽其飄蕩；做得一分，便損一分，做得一層，便壞一層。予是以因山徑之既成復傾，不能不與學者求其所以立脚，所以栽根，此一條最警切，不可不猛省。夫康節猶空中樓閣也，而況不如康節者乎。

《簣山集》云："執著有執著之失，和平亦有和平之失。"此非著實體認者不知。

又與人書云："人欲合知行爲一，我必分知行爲二。單提致知，不如直説篤行爲明白切實。若以力行工夫，總以'致良知'三字盡之，雖是透脱，恐學者竟走入空寂一邊。"此條最足羽翼程朱。又《與熊青岳書》云："若提'明善'二字，謂可包知行，則致良知亦可包知行。姚江復起，將有辭於我矣。"與前言同意，不知青岳何以有此論。

又《與羅先生書》云："令師青老，見解不偏，考究有年，其《聞道録》頗與某私淑羅文莊之意有合。又孫北老學問淵深，所梓薛文清、胡敬齋、羅文莊、高存之四先生學約，俱有不謀而同者。"按此，則簣山所推重者，此二人而已。

又有一書言《宗儒語略》前序後跋，議論參差，予所取於簣山者，正在於此。人能勇於從善如此，天下有何事哉？使象山有此心，則必無無極、太極之爭；使陽明有此心，則必不執良知之説，必不爲《晚年定論》之書。今人挾一偏之見，恥屈於正論，多方以求勝，孰知先生之所以不可及者，乃在於能屈耶。氣能抗萬乘之威，力足以卻紛华靡麗之習，乃區區整庵一書，遂退然自下，盡改其故。學者非天下之大勇，其孰能之乎？

閱張簣山《與熊青岳書》論學問經濟雖不是兩個，畢竟經濟有從學問來者，亦有不從學問來者。從學問來者，學顏子之學，即志伊尹之志。不從學問來者，則爲驕吝，爲器小，爲執拗，甚至爲奸險。非不自謂有猷有爲，而其實毒蒼生而誤國事者，即此自命爲經濟之人。其論最快。

簣山謂夫子之道，中以貫之。愚謂曾子言忠恕，是誠以貫之，若程、朱重主敬，則又是敬以貫之。此當互看。

《簣山語録》上卷云：“學問止有漸進工夫，別無頓悟法門。”又云：“諸家言自然，言頓悟，不問元氣虚實，專用表散之劑，不害人不止矣。”此最足見其學之正。又云：“儒者言學謂人所説過者，不必更説，然舍人所説過者，更何從説。聖賢言語，愈讀愈有味，越講越無窮。”又深取章楓山“先儒之言已盡”之説。此足見其學之樸實。①又論“氣”云：“無動無静，以所行有動有静矣；氣無聚無散，以所附有聚有散矣。”論“陰陽”云：“陰陽有相生之時，無未生之時。”此又足見其體認之細。

又云儒者之學，不宜單提“静”字，以類於禪，然静則悔吝少，亦收斂雜馳之一端。此説得亦斟酌。

---

① “足”，“陸子全書本”作“是”。

卷　八

　　閱《學蔀通辨》，見象山對朱濟道言："收拾精神，自立主宰，當惻隱時，自然惻隱，當羞惡時，自然羞惡。"因思象山、陽明、景逸、念臺，皆是收拾精神一路工夫，皆是心學。但象山主靜，陽明則不分動靜，景逸主靜，念臺則不分動靜。象山、陽明則竟不要讀書窮理，景逸、念臺則略及於讀書窮理；象山、陽明則指理在心外，景逸、念臺則指理在心內，究竟則一樣。指理在心外者，如鏡之影；指理在心內者，如樹之根，得失自不同。

　　辨有明之理學，較宋更難。以陽明之功業，高、劉之節義，皆天下所信服，如順風而呼，故辨之尤難。

　　今人見陽明之功業，便以譏之者爲刻，不知管夷吾之在春秋，是何等樣功業，孔、孟只以一"小"字、一"卑"字斷之，安得以其功而信其學哉？且陽明即有功，亦不過在一時，而以朱子爲楊、墨，以孔子爲九千鎰，其得罪在萬世，吾豈能爲之解耶？

　　《真西山集·夜氣箴》曰："必齋其心，必肅其躬，不敢弛然自放於牀第之上。"讀至此，不覺悚然。又云："以理論氣者，濂溪先生之學也；以理論數者，安樂先生之學也。"二語最精。

黃太冲《學案》序，述有明一代之儒者，可謂有功，而議論不無偏僻。蓋以蕺山一家之言，而斷諸儒之同異，自然如此。愚因思經師與人師不同，而人師內又有二種，有興起之師，有成德之師，若蕺山先生者，以爲興起之師則可，以爲成德之師則不可，而太冲尊之太過，所以多費周旋。

高忠憲與管登之辨云："若謂以覺包理，則理乃在外。"又云："謂氣在虛空中，則是張子所謂以萬象爲太虛中所見之物，虛是虛，氣是氣，不相資入者矣。"此一條大可理會，大抵梁溪一派看得性盡明白，卻不認得性中條目。又閱其《靜坐説》，乃知高子所謂性體，亦是指心，亦大異於程朱矣，其不欲言以覺包理，特欲自伸其見耳。

閱徐鴻洲《信古餘論》，見其論《西銘》是仁體，因悟與萬物流通者，仁體也；無物不有者，仁體也；無時不然者，仁體也。故《中庸》"費隱"章，《論語》"子在川上"章，與《西銘》皆是言仁體。

閱《紫陽通志》見高彙旃《格致論》，其學似正於景逸。又刁蒙吉寄嚴佩之書，不滿涇陽而深推景逸，以此與陳幾亭同配享於"道南祠"。其所著《潛室札記》中，亦多格論，但於景逸覺服膺太過耳。又施璜所著《思誠録》訓蒙諸條，其論甚正。又《通志》所載江知默字月巖，汪學聖字惕若，皆有志於學，而以梁溪爲宗者。

閱顧涇凡與高景逸論學問，當從狂狷起脚書，此其病根。

看薛方山《考亭淵源録》序，言朱子之言孔子教人之法也，陸子之言孟子教人之法也，不覺太息，孔孟豈有二法哉？方山序中，既言老而知朱學之精，而又爲調停之説如此，蓋終不敢直指陸學爲非也。又其末言象山晚年亦得力於朱子，以救陽明；朱子晚年得力於象山之説，亦屬調停。

《考亭淵源録》第十八卷，載朱子告郭友仁有“半日讀書，半日靜坐”之説。郭是從禪學入門者，恐此所述未必確，用功如何可這樣限定？第二十卷，劉淳叟欲做虛靜工夫，朱子與言李延平教人靜坐之不然，可見郭友仁所述未確。

《吕涇野集》有云：“衡有銖、兩、鈞、石之星也，若爲塵垢所掩，則不可得而辨矣。天有斗樞、三垣、五緯、二十八宿之星也，若爲雲霧所障，則不可得而辨矣。夫人心之有星，猶天與衡也。”此一段説心最好。又云：“如使顏子之父母不悦於簞瓢，乃顏子自以爲樂而不改，則雖夫子豈肯稱其賢。”此亦説得最好。又云：“夫子所謂‘一以貫之’者，其約乎？故顏子曰‘約我以禮’。”此看約禮即“一貫”，與愚向所見不同。又云：“時有升降，陰陽盡之矣；學無止足，鳶魚見之矣。陰陽盡，窮通得喪，皆非在我者也；鳶魚見，體用顯微，皆非在物者也。”是見道之言。又云：“禹之導江河，在拜昌言，何以知言之昌？在精一以執中。未至於禹者，在求其病之所切而去之。如牛之訿言，參之三省。"説得真妙。又云："孔門論學，惟仁爲大，學仁惟禮爲急，經禮三百，曲禮三千，皆仁也。天體物而無不在，仁體事而無不存。夫子告顏淵之爲仁，以非禮勿視、聽、言、動，亦是意乎。"按此一條，可見約禮即是"一貫"，予向疑"一貫"與此"約"字不同，非也。

校《王學質疑》，因思程子言"在物爲理，處物爲義"，又云"性即理也"。此處宜將《大學或問》中所云"心雖主乎一身，而其體之虛靈足以管乎天下之理；理雖散在萬物，而其用之微妙實不外乎一人之心"合看，方明仁義禮智皆心之用，管乎天下之理者也。

閲《孫徵君年譜》，嘆近年來南方有一黃黎洲，北方有一孫鍾元，皆是君子，然天下學者，多被他教得不清楚。

孫鍾元、鹿伯順，一生苦志，只做得不踐迹的事。

鹿江村、孫徵君，皆一代偉人，其品之高，則所謂不忮不求，何用不臧者也；其學之勇，則所謂未之能行，惟恐有聞者也。只是不虛心，不細心，子路當日，亦是這個氣象，賴聖人之裁成，所以終成千古大賢。

看《學蔀通辨》後編"朱子答廖子晦"一條，覺明鏡止可喻心，不可喻性。朱子《大學或問》中有"鑑空衡平"之説，論顏子明睿所照，亦以明鏡言之，皆只是言心至。象山論孟子萬物皆備，而以鏡中看花言之，則是以鏡喻性矣，大謬。此陳清瀾所以謂孟子萬物皆備，是以萬物之義理言;①陸學之萬物皆備，是以萬物之影象言。

　　以六經爲聖人糟粕者，猶以虛無之見，置在六經外。以六經爲我注脚者，直以虛無之見，置在六經内。故王弼之《易》，何晏之《論語》，猶有可取，而象山之解經，必不可從也。

　　閱《儒宗理要》内《緒言》，覺其疏淺。

　　黄太冲撰《周海門傳》云："性，理也。心，氣也。陽明言無善無惡心之體，非言性無善無不善，以無善無不善爲性者，海門之咎也。然陽明不曰心即理乎，何可掩也？大抵昔之爲王學者樂其病，今之爲王學者掩其病。"

　　刁蒙吉《辨道録》載羅文莊之言曰："'理一分殊'四字，本程子論《西銘》之言，其言至簡，而推之天下之理，無所不盡。持此以論性，自不須立天命氣質之兩名。"按，整庵尊"理一分殊"之語可也，而便欲以此破除天命氣質之名，則非矣，但知理氣之合，而不知理氣之分可乎？

　　陳遷鶴言閩中從來不染於姚江之學，惟一李贄出仕於外，與王龍溪交，而遂習爲横議。

　　朱、陸皆以鏡喻心，然一是真明鏡，一是含糊之鏡。

---

　　①　"義"，原缺，據"陸子全書本"補。

辨學術異同，若在經書文義上辨之，則彼此膠執，葛藤無已矣，且舍文義而單論下手工夫，則得失自見。

今之回護姚江者有二：一則以程、朱之意解姚江之語，此不過欲寬姚江，其病猶小；一則以姚江之意解程、朱之語，此則直欲誣程、朱，其罪大。

昔人云"進思盡忠，退思補過"，此與夫子主忠信徙義之意同。我人存一至誠無僞之心，進而有爲，可謂忠矣，然其間輕重緩急，過差而不合於義者盡多，故進思盡忠者必退思補過，主忠信者必徙義。陽明以"致良知"三字爲學，豈知此也哉？

姚江一派，學術日異而月不同，正、嘉之際其詞詖，嘉、隆之際其詞淫，萬曆以後其詞邪，至今日其詞遁。

日求去過而過不能去者，一則起於欲根未盡，一則起於習氣未除，一則起於見識未真。

一篇《朱子行狀》，即是一篇《太極圖説》；一篇《太極圖説》，即是一篇《朱子行狀》。

人之喜怒，各有氣象，程子欲人忘其怒，而觀理之是非，愚更欲人忘其怒，而觀怒之氣象，盡有怒得是而氣象不好者。

人生處處要樹立一界限，事事要斟酌一分寸。

天下道理，只得一個旋相爲宮之法，在醫家則謂之君臣佐使。

大人言熊見可之講書，但自講一番，而不能使其委曲入

於童子之耳。予因悟聖人言忠，又必言恕，蓋能盡心而不能
推己，其弊如此。

　　《春秋》之義，不責下，責上；不責小人，責君子。大
《易》之義，不憂衰而憂盛。以此思之，人生何時可不戒謹？

卷　九

初學讀《戰國策》，不如將《綱目》自威烈王至秦始皇并天下熟讀。

《綱目》序知伯之事於威烈王二十三年，序子思之言於顯王二十三年，皆是追叙法，知伯、子思，皆綱目前人。

《綱目書法》於孝惠四年"帝冠"條下云："於是帝生十五年矣。"查荀悅《漢紀》高祖崩年，孝惠已年十六，安得如書法所云？又《綱目》高祖十年分注內"東園公綺里季夏黃公角里先生"，《正誤》因杜詩"黃綺終辭漢"之句，遂云"綺里季夏"一人也，"黃公"一人也。今查《漢紀》，四人曰"東園公，夏黃公，角里先生，綺里季"，安得如《正誤》之言？又查孝惠四年"立皇后張氏"，《漢紀》《綱目》俱云是魯元公主女，然恐非魯元所親生。觀高帝七年，上欲以魯元許匈奴，此時尚未歸張敖也，安得至孝惠四年，遂有如此長女？荀悅譏其非禮，恐亦未考。

漢武《綱目》"跅弛"二字，"跅"是跅落，乃不顧利害之意；"弛"是弛廢，乃不循規矩之意，注不甚明。

《綱目》雖極與嚴光，然不載足加帝腹之事，蓋不予其傲也。

閱桓帝延熹三年《綱目》，趙岐爲皮氏長，以宦者左悺兄爲河東太守，恥之，即日棄官而歸，可謂危行矣。惜未能言孫，以至家屬受禍，此李固之女文姬所以戒其弟也。

玩《綱目》言孔北海才疏意廣，只是大綱好，細目未盡。

看《國語》“三川震”篇，因思後世地震之變多矣，不必皆亡。伯陽父何以知幽王之亡？大抵天變與人事相參。人事不爽，天變偶至，不至於亡，如元氣壯盛之人，偶感風寒也；人事既壞，天變又至，其亡必矣，如元氣衰弱之人，復遭風寒也。觀其言，周德若二代之季可知。

《國語》管子對桓公曰：“設象以爲民紀，式權以相應，比綴以度，溥本肇末。”“設象”者，立爲一定之法也；“式權”者，用其變通之宜，所以善此法也。“比綴以度”，以人之衆寡，言人有衆寡，難以一法治，比校之，連綴之，宜分則分，宜合則合，各有度焉；“溥本肇末”，以事之本末，言事有本末，難以一法理，等量之，匡正之，宜重而重，宜輕而輕，亦各有度焉，是皆所謂權也。《國語》夙沙釐云“吾委質於翟之鼓，非委質於晋之鼓也”，韋昭注云：“質，贄也。”《左傳》狐突云“策名委質”，杜注孔疏云：“質，身體也。”二説不同，説異而不妨並存者，此類是。

《史記·趙世家》"獻侯即位，治中牟"，瓚注"中牟"應在相州，非鄭中牟，辨《地理志》之失，[1] 最是。《項羽紀》"宋義留安陽"，《索隱》謂應在宋州，非相州之安陽，辨师古之非最是。

公孫弘盡有好處，如誅郭解，抑卜式，殺主父偃，皆不可謂不是，特阻汲黯、董仲舒，則不能爲之解。

《史記·公孫弘傳》不載其開東閣事，亦是太史公惡而不知其美處。

閱《汲鄭傳》，鄭俠而和，汲俠而清。

讀《李斯傳》，以督责爲王道，以申商爲聖人，何異指鹿爲馬。

《史記·相如傳》序《上林》"八川"，而云"東注太湖"，何謬至此？注不能正，而反附會之，何也？

郭解之謙讓，只是一個"克"字，與萬石君之氣味全別。

讀《貨殖傳》，太史公只知人心，不知道心；只知氣質之性，不知義理之性。

《漢書·武帝紀》不載輪臺之悔，可謂不知要。

閱《漢書·晁錯傳》"峭直刻深"四字，"直"與"深"本是美字，"峭""刻"便成病痛。

---

① "理"，原作"里"，據"武林薇署本""陸子全書本"與"望雲仙館本"改。

蕭望之不悦丙吉，而非耿壽昌，常平議君子，與君子不能盡合，從古有之。

《漢書·儒林傳》叙《易》獨詳，而於《毛詩》及《春秋三傳》甚略，毛公及公羊、穀梁子，皆不載其名。及其授受《尚書》，自伏生以上，亦絶不知其授受，不知其何故。

《漢書》"循吏""儒林"二傳，學者不可不讀。

荀悦"三游"論，可與班史"游俠"論同讀。"游"字不知當作何解，疑是"浮"也。查《綱目》班、荀二論，俱采附於誅郭解之下。

《光武紀》"王莽和戎卒正邳肜"，及考《肜傳》，則作《和成》，未詳孰是。

閱黄子鴻所訂《晋·地理志》，①於青州濟南郡，有三疑云：按二《漢志》及《宋》《魏》諸《志》，濟南所領，如歷城、朝陽、著、土鼓、於陵等縣，皆同，未嘗云有所移徙省廢，今此《志》所領，皆北海之縣，而本郡故縣，概無一見，可疑一也；又按，《漢志》有北海郡，景帝置，後漢不改，《魏》《晋紀》中，皆有北海王，宋、魏皆有北海郡，今《宋志》濟南所領五縣，②《前》《後志》皆屬北海，未嘗云

---

① "地理志"，原作"地里志"，根据上下文意"《晋书·地理志》"，故改作"地理志"。

② "宋志"，原作"本志"，據"武林薇署本""陸子全書本"與"望雲仙館本"改。

有更置，獨此《志》縣存而郡改，可疑二也；又按《宋志》，① 晋凡郡國一百七十三，今止一百七十二，計失一郡，疑即北海也，但《通典》不詳，《通考》亦仍之，蓋其沿誤久矣，今當於濟南郡下，改正曰領平陵、歷城、朝陽、著、土鼓、於陵等縣，另增北海郡，漢置統縣五，始列平壽、下密、膠東、即墨、祝阿五縣於其下。其考証甚詳，然愚取《左傳》杜注查之，其言濟南當有歷城、平陵、朝陽及平壽，即墨當屬北海，見於《桓十八年》《莊十年》《襄四年》《六年》《二十七年》之注，信矣！但《昭二十五年》"齊侯唁公於野井"，注云"濟南祝阿縣東有野井亭"，則祝阿在晋，固屬濟南也。又《莊元年》"齊師遷紀郱鄑郚"，注云"北海都昌縣西有雪城"，則北海又有都昌也，此則又可疑。查子鴻《草木原》云《宋志》濟南所屬五縣，② 其四縣皆舊屬北海。

　　子鴻言《晋書·地理志》張氏所置涼州十一郡，③ 乃落去西海郡。查《魏書·張軌傳》始得之。胡三省《通鑑注》亦以爲亡一郡，蓋刻板之訛久矣，胡卻不知查《魏書》耳。

又沙州內，落高昌一郡。"戊巳校尉"，"戊巳"二字訛作"張茂以"三字，亦查《魏書》校正。

葉石君言《晋書·李特載記》中"羍"字，音"觸"，諸本多訛作二字。隋劉炫與牛弘論令史之言，讀《周禮》者，不可不知。此與李諤之論文體，王通之答楊素，皆隋代之至言。

黃俞邵言《元史》之疏略，甚有一人而前後重出者，如《藝文志》則竟不作，當時纂修者皆名儒，而疏略如此，豈非政令嚴刻，諸儒迫於期限，遂不及詳慎與？《元史》不作《藝文志》，恐其陋不在史，而在元。

《元史·祭祀志》言漢承秦敝，郊廟之制置《周禮》不用，謀議巡守封禪，而方士祠官之説興，兄弟相繼，共為一代，而統緒亂，迨其季世，乃合南北二郊為一。雖以唐宋盛時，皆莫之正。按，此則古者兄弟相繼，各為一代，當考。

看《元史·不忽木傳》，嘆許魯齋成就人材之功，不可及也。次焉者，王鶚之於閼閭，蕭斛之於字术魯翀乎。

傅掌雷《明書》筆力頗弱，以張孚敬等置《佞倖傳》，張居正置《權臣傳》，李贄置《異教傳》，其識甚卓。

《明書·張居正》贊云："居正祖申韓之餘習，結曹王之奧援，器滿而驕，没身之後，名臭家滅，明之相本，實撥於此，萬死莫贖。"此論甚卓。又《佞倖傳》云桂萼之為吏部，尤私其所厚善，而修睚眦怨，獨以名薦魏校為國子祭酒，屬使代疏草，其條對經學時政，往往精深當上意，而校與新建伯王守仁爭名不相下，蕚爲之搆守仁，奪世封，而校入侍經筵，忤旨，改補太常，蕚不能救。此一段説得莊渠甚無色。

《明書》以張玉入《亂賊傳》，而謂高拱夏言皆不學無術，妙極。

明之賦役，有夏税秋糧，即唐之租；有均徭，即唐之庸；有里甲，即唐之調。其夏税秋糧之名，雖似本楊炎，卻與楊炎不同。楊炎之法，是并均徭里甲，總入夏税秋糧之内。

卷　十

　　閲陸桴亭《分野圖》，一行所謂自南正達於西正，得雲漢升氣，爲山河上流；自北正達於東正，得雲漢降氣，爲山河下流。娵訾在雲漢升降中，居水行正位，故其分野當中州河濟間。東井處百川上流，故鶉首爲秦蜀墟，得兩戒山河之首。星紀居河漢下流，百川歸焉。析木爲雲漢末派，山河極焉。故其分野自南河下流，窮南紀之曲，東南負海，爲星紀；自北河末派，窮北紀之曲，東北負海，爲析木。此等處甚明。至謂五月一陰生，而雲漢潛萌於天稷之下；十一月一陽生，而雲漢漸降，此不可解。雲漢在天，本有定位，似每日有升降，不知何故謂升降因月而異。此升降似以隱見言。

　　閲桴亭《月道圖説》，始知《洪範》注所云月立春、春分從青道者，言月行太陽立春、春分之道，則謂之青道，非謂立春、春分之時而月行青道也。月行九道，十有九歲而一周，非一歲而歷九道也。一千六百九十八日有奇，而行一道，非一季而即能遍一道也。桴亭此圖，大有功於學者。

　　查舊所抄圖書編内有云，月上弦於東井，下弦於牽牛；

152

上弦於牽牛，下弦於東井。又邵子云，冬至之月，所行如夏至之日；夏至之月，所行如冬至之日。前數語，大抵即梓亭所云，以交初所臨而言也。若邵子數言，則卻似月一年而歷南北，與十九歲而遍九道之說似不同，疑月一歲之內，雖夏南冬北，至於極南極北，則必十九歲而一周也。

月食，據欽天監頒行，京師月食七分四杪，初虧寅正三刻十二分，食甚卯正二刻六分，復圓辰正初刻。是夜初虧，月正在申位，歷酉至戌而沒。乃知邵康節所云，冬至之月，所行如夏至之日；夏至之月，所行如冬至之日，其言果然。蓋以晝夜長短而言，非以極南極北而言也。

到欽天監會邵武峰談曆，邵言西法不能出古法之範圍，而多改頭換面以自異，如歲差消長之法，西法不能異於古也，而將宮次移易，則便若大異。天周有餘，日周不足，所以有歲差，譬之湍水，然在內者勢狹而轉急，在外者勢寬而轉稍緩，此古法也，而西法則分爲幾重天，遂若大異。惟以地爲圓體，此爲獨得，而弧矢算法，亦勝於郭守敬。愚因問天文家之言，曰冬至日在箕斗之黃道，此道出辰入申，故日亦出辰入申；夏至日在井鬼之黃道，此道出寅入戌，故日亦出寅入戌。是日之北而復南，南而復北者，黃道之勢然也，然以歲差推之，假使千萬年後，冬至日躔退在井鬼，則冬至日亦當出寅入戌與？武峰曰不然，若使冬至日躔退在井鬼，則井鬼之黃道，亦改而南矣。蓋所謂日躔在井鬼者，非必定與井鬼之宿同在一處也，但與之相當耳，或南或北，固隨時不同也。故夏至躔井鬼，則此道便出寅入戌；冬至躔井鬼，則此道便出辰入申。余爲之恍然，因思向見傅仁均答王孝通曰："日躔宿度，如郵傳之過，宿度既差，黃道隨而變矣。"余初看之殊不解，不知黃道如何樣變，今乃悟所謂變者，乃南北之異耳，但仁均説得不明白，不如武峰之言鑿。然又思西法謂列宿與天各有運行，以此致歲差，其説亦不然。看來依西法，則列宿移而黃道不移，依古法，則黃道移而列宿不移，不知是否，當再叩之。

《天原發微》載蔡季通問極星只在天中，東西南北皆取正於極，而極星皆在上，何也？文公無以對。此段未知出何處。按，若依今西法論極星，則可無疑矣。

閱孫北海《河紀》，見昔之論河源者，紛紛不一，合而言之有三：大約言出於闐葱嶺者，其下源也；言出昆侖者，其中源也；言出西番朵甘衛，西直四川馬湖蠻部正西三千餘里，去雲南麗江西北一千五百里，俗傳爲星宿海者，其上源也。自星宿海東北流，經昆侖山之南，折而東流，復繞昆侖山之北，至積石，經河州，始入中國。張騫見其下源，而不見其中源。昆侖之説，見其中源，而不見其下源。至元學士蒲察篤，始窮曆而得之。自星宿至昆侖三千餘里，自昆侖至積石又三千餘里，自積石至龍門又三千餘里，而或以爲二萬一千三百餘里者，誤也。

　　向見言黄河者，皆云河舊在汴城北四十里，東經虞城，下達濟寧。洪武二十四年，決原武縣黑洋山，東經汴城北五里，又南至項城入淮，而故道遂淤。正統十三年，又決榮陽，過開封城西南，而城北之新河又淤，自是汴城在河北矣。然嘗問從中州來者，則今汴城仍在河之南，甚疑之。今觀《河紀》，載弘治時巡撫徐恪疏云弘治二年以來，漸徙而北，又決金龍口諸處，直趨張秋，而汴南之新河又淤，乃知所謂汴城在河北者，只是正統以後，弘治以前之事。又按《河紀》，國初糧船，自儀真抵淮安，謂之裏河，俱分入五壩，轉盤黄河，謂之外河，原不相通，後平江伯疏開清江浦，由天妃口徑通黄河，仍設閘以司啓閉。其後恐黄水灌入，河臣乃議塞天妃口，以杜黄水，創開三里新河，設通濟閘以通淮水。此段説天妃緣由最明，然亦未詳新河創自何人。

　　潘季馴、楊一魁二人相接爲總河，一主築堤束水，一主分黄導淮，此議論之最不同者，《河紀》中皆言其有功，未曾剖析孰非孰是。季馴云：“人欲棄舊以爲新，而臣謂故道必不可失，人欲分支以殺勢，而臣謂濁流必不可分。”然觀萬曆廿五年，總河劉東星疏云河自商虞而下，歷丁家道口、馬牧集、韓家道口、趙家圈、石將軍廟，兩河口出小浮橋下。二洪乃賈魯老黄河故道，自元及我朝嘉靖年間，行之甚利，至三十七年，北徙濁河，而此河遂淤。萬曆七年，總河潘季馴議復開之，以工費浩繁不果，則是潘公四治河束水之策雖行，而故道之策，未全用也。按，潘公第一次治河在嘉靖末，只佐朱公衡開新河，非其本意。第二次治河，在隆慶末開，所謂故道垂成而廢。第三次治河在萬曆六年，功成高堰，而故道仍不果行。第四次在萬曆十六年，惟見嚴閘禁築遥堤諸議，不見別作爲，但其始終不主開洳之議，只就河言河，是即復故道之意也。

《河紀》嘉靖十二年，劉天和之治河，亦似有見，蓋因運河原不用黄河之水，故棄魚臺、穀亭之淤河不治，聽河向趙皮塞南行，而專濬漕河，此在朱潘楊李之前，自成一策。嘉靖初，尚書胡世寧論河勢，南分二道，東南一道，東分新舊五道，説得最詳，然只是嘉靖初年黄河之勢，不應删其姓名年月，混入《禹貢注》。

王亮士《疏濬末議》一篇，專論濱海形勢，即導淮九則中"海口"一條之意，而此言之特詳。大意言北至廟灣，南抵泰州二三百里，是即所謂范公堤，名場。場分，即於堤上按地分界，亦猶自淮及揚、高、寶各分界於其中也。東爲鹽場，竈户居之，西爲民田，惟民種之。挨堤内有大河，名曰穿場河，沿河各立場分，各有石閘，洩水入其運鹽港河，以達於海，是則各場皆有海口矣。當年范公造堤之義有二，一爲不開穿場河，則場分隔絶，鹽艘難於轉運；一爲高、寶、興、鹽下河一帶，直達鹽場，上下彌漫，毫無阻隔。上水易洩，涓滴不留，則民田盡成陸地，而海潮泛漲，斥滷倒入，

則苗稼勢必枯焦，又慮水壅莫洩，故各造石閘，以達港而入
於海，是即所謂運鹽各港河也。考前朝祖制，自范公堤外，
皆係草場，惟供燒剪，不蒔禾稼，是以不厭海潮，故范公惟
於堤上閘口，各立水簾，而不問閘下之港與河也。今草場既
於前朝變價以充邊餉，則在官之草場，盡爲各竈之私產，開
墾耕刈，盡屬禾苗，雖欲不實爲築壩，不可得矣。倘惟議開
復，而不議建閘以時啓閉，非持平之論也。又云，地脈由雍
而豫而揚，至海而盡，此舊説也。若海中大勢，必至黑洋，
方爲大海，其色深黑而味苦，若其出海千餘里，雖則茫然無
際，實則非可橫行之地。蓋耕牧之地，至通、泰、興、鹽而
盡，其未盡者，分沙五支，直入大海之中，凡千餘里，所謂
五條沙也。潮長則洋洋湯湯，茫無畔岸；潮落則沙壅土漲，
深不容尺。其沙土堅硬，更甚鐵石，海船可載數千者，必遠
而避之，惟沙船底窄，可以掉臂其中，其船即因沙以得名。
故海口之間，無與於疏防。又云，若淮、黃會而東趨，則匯
聚於安東對面之馬邏、達義、蕅家嘴、新溝口、柳浦灣五大
險工一帶處所入海，欲於對岸開一支河以殺河勢，又懼有傷
安東，必築高堤以固之。

　　又《戊申上明公書》云，築歸仁集等堤，鳳、泗、淮、
揚，民請金同，若議築翟家壩一帶決口，則盱、泗等州縣，
必爲力爭，謂與彼地不利。查萬曆年間，潘季馴築塞高堰決
口之後，盱、泗皆樂豐年，載在潘公申辨泗州鄉紳常三省疏

中。若非當年赫然震怒，將常三省力行黜罷，高堰石工，焉能告成？而不意彼地奸人，利於私販，又將石工未及之處，復行盜決，以致貽害者若此也。

又議用災民畚鍤云，細心分別壯健，定爲一工，派於泥水險要地面，每日照六分定例，日給米四升，銀二分；婦女及老幼定爲一工，派於高原地面，日給米三升，銀三分。如其人力微小，則量減銀二分。若夫跛癃殘疾，難資其力役之用，而實可課以絢索踣擊之工，亦止給以米二升，銀二分。所有節省銀米，存爲犒勞壯健鼓舞工作之費。夫役不必遠調而自集，災民不必賑恤而共飽。又云，苟得其人而任之，必爲假之以用舍之柄，濡之以持久之計，裕之以錢穀之資，與之以便宜之略，重之以斬殺之權，而斷不可拘牽之以文墨，淆亂之以議論，限勒之以程期，恐動之以詰責，始可漸次以期其功。倘決一口而必俟部覆以施工，用一錢而必俟估計以銷奏，拔一人而必拘資格以注册，罪一夫而必待奏奪以施刑，欲求平成立奏，此必不得之數。

卷十一

太倉王石隱，刻《説文論正》，自云此書十年靜悟，十年考正，彙成三十萬言，誠宇內所未有之書，亦宇內不可少之籍。其自喜如此。諸莊甫言石隱少習醫，壯而友枰亭、確庵，乃勉於學，二子皆兄事之，其學不從八股入，而能刻勵成一家言。

陸翼王，博聞而樸實君子也，家多藏書，如《儀禮經傳通解》，金仁山、許白雲、真西山、魏鶴山文集，及《西山讀書記》，其家多有。《學蔀通辨》一書，孫北海亦從翼王借得，韓元少、徐彥和皆從借抄。翼王言北海學博而才敏，其所著諸書雖不皆精，然多有益於學者，博學之士，皆收入門下，相助校對，朱錫鬯、顧寧人，其尤也。顧寧人有《日知錄》，多發先儒所未發。又言枰亭、確庵，當婁東二張盛行之時，獨卓然以實學自勵，不肯隨聲附和。枰亭《上馬撫臺二十四款》，皆切中時務。

《胡敬齋集》三卷，目録自第五葉後缺，疑其書尚不止此，查焦弱侯《經籍考》，不載此書。卷首有門人鄱陽余祐序。其第一篇《奉於生書》，托其於京中尋《程子遺書》《朱子語類》《伊洛淵源》《晦庵文集》等書。噫！先輩於書，亦得之難如此。

翼王言錢牧齋之文，初宗六朝，繼與嘉定四先生友，然後歸於正，而四先生之文，① 則本於歸震川。② 蓋震川一脈，獨傳於嘉定，而及於虞山也。③《震川墓志》係唐叔達筆，托名於王文肅。初，文肅欲自作，數日不成，卒使叔達爲之。翼王又言黃陶庵每在神前以三事自誓：不妄取，不二色，不談人過。其就館於錢牧齋也，④ 時張公國維巡撫吳中，取陶庵觀風第一。張公至牧齋所，⑤ 請與相見，甚歡，時適有以千金之事，求牧齋爲言於張公者，牧齋適別有一事干張公，不便又言，勸陶庵言之，陶庵堅不肯，其人不得已，索太翁一書與之曰：“子言此，則我甘旨之奉有餘，孝莫甚焉。”陶庵卒不肯，曰：“不可破我不妄取戒。”既第後，不肯干瀆有司，太翁每以家貧爲言，卒不能移其意。蓋其誓於神前者，皆能力踐其言。又言明季士大夫相聚，上者言道德，次者論文章，最下寧可涉聲色，無有及於貨利者。余言陶庵之學，

---

① “翼王言錢牧齋”至“然後歸於正而”共二十六字，“四庫全書本”作“陸翼王言嘉定”。
② “則”，“四庫全書本”作“皆”。
③ “虞山”，“四庫全書本”作“餘子”。
④ “就”，原缺，據“四庫全書本”補。“錢牧齋”，“四庫全書本”作“常熟”。
⑤ “牧齋”，“四庫全書本”作“主人”，下同。

間入於禪，翼王言陶庵本從濂洛入門，後喜靜坐，又喜閱
《壇經》諸書，因不無夾雜，又言此事是非誠難辨，在江寧
得《學蔀通辨》，乃始知之。又言魏環極言孫北海諸書，以
《考正晚年定論》爲第一。又言嘉定前輩之書，嚴永思《通
鑑》是一好書，雖有云溫公《通鑑》有資於治者取之，無關
於治者略之，今嚴書所詳，溫公非不知之，乃其所不取者也，
然嚴書亦不爲無益。又言徐九一雖溺於聲色，而晚節甚好，
宜其有子昭發名枋。也。

　　吳淞江之白鶴港，南有宣聖衣冠墓，讀其碑，乃孔子四
十四代孫禎，仕隋爲蘇州刺史，因家焉，而以宣聖衣冠葬於
此。循其墓道，過一小橋，橋北即先師廟，先聖及四配皆塑
像，左爲啓聖祠，祠有孔子周流列國圖，右爲子之燕居，有
吳道子畫聖像石碑。二廟後，即先聖衣冠墓，墓後有書院，
守祠僧聖歸居之。僧云道子聖像碑，其大者，相傳爲徐文貞
家摹刻，亂後，埋没於瓦礫中，康熙九年，移置於此；其小
者，相傳爲松江顧氏家物，則在此已久。又云，塑像先是萬
曆時陸古堂仿闕里像爲之，歲久圮壞，今年八月，邑中士大
夫改塑，以舊像爲不文，俱從改易，然失其真矣。陸古堂，
即纂《廣輿記》者。

　　舟中看《山曉閣明文選》，見曾異撰弗人《送劉漢中教
授廣信序》云："信州鵝湖，古朱、陸辨論同異處也，自弘、
正以前則朱勝，隆、萬以後則陸勝，嘉、隆之間，朱陸爭而

勝負各半。"説得明白，然曾意卻是要調停於朱、陸之間。曾又《送林守一序》云："使司馬子長而與人交，必不能成《史記》。"其意謂必目中無人，獨往獨來，然後其氣無礙，而能著作。此不成議論。

又曹峨雪《賀施存梅八十序》，十分回護，謂昭代奄豎之禍三，爲振，爲瑾，爲忠賢，而忠賢爲烈，頌功德如莽，迫帝后如操，私人典兵，室有藏甲，如産禄南北軍。文貞、文定，不能尼振；文正，文恪，不能尼瑾，如揚方沸之羹，而欲澹灑之以仙掌之露，勢所甚難，爲時計者，獨有抽薪一法耳。自寅秋膺簡命，緹騎不復出，詔獄之威，亦稍殺止，則以曲逆之沉思，運仲弓之妙用，委蛇調劑，師既不言，世亦不得盡知。不然，一跌而爲蕃武，再跌而爲訓注，往事可鑒，又何幸焉！噫！存梅所處何時，所居何位，所行何事，可以"抽薪"兩字塞責耶。

共閲倪鴻寶、黄石齋文，湛持陳明卿、譚友夏、章大力、羅文止、艾千子、張受先文數十首，惟千子《宋史禮樂志論》差爲有用文字；① 金正希文，嫌其多衰颯之氣；張天如文，頗精實而氣多滯。有陳弘緒者，號石莊者，文氣甚爽，未詳其爲何人。陳卧子平《内盜議》，頗佳。田一儁、羅念庵《祠田記》，李維楨《告信陵君祠文》，俱可人意。於慎行

---

① "宋史"，原作"宋忠"，據"四庫全書本"改。

與司寇丘公論江陵事書，最是有關係文字。馮琢庵《寄山陰王相公書》，伍容庵《上首輔書》，是有用之文。陳眉公、袁石公等書，俱纖細無足取。又馮琢庵《文昌閣記》云："今祠家多援周天列星，而以人事之。取斗四星，圖繪其象而謂之魁；指戴筐六星，爲縞衣素烏，青童白馬，而謂之文昌。夫以懸象著明列宿之次，乃能下而與人通其言語文字，聽其鐘鼓管籥，饗其牲牢酒醴。"此其説宜儒者所不道，最足醒人。

程孟陽《耦耕堂集》，纖細無可取。

《常熟志》修於嘉靖己亥，平湖馮汝弼作縣時也，查有明一代人物，當以吳訥爲第一，《傳》稱其非聖之書不讀，文非關於世教不爲，所著有《小學集解》《北溪字義》等書，永樂時人。其所著《尊經閣記》，發明朱子《子游祠記》甚明。朱子《記》中引《隋書·儒林傳序》"南方之學，得其精華"，及荀卿《非十二子》篇"媮儒憚事，無廉恥，嗜飲食，是子游氏之儒"，雖引之而不明言其所出，得訥《記》而愈明。訥云荀去子游幾二百載，其時弟子鄉人，或狃於習俗遂議及子游，故朱子云云。修志者邑人鄧韍。

《古微書》者，華容人孫瑴纂，① 古讖緯之書，而自附以

---

① "瑴"，原作"瑴"，據"四庫全書本"改。按，孫瑴（1585—1643），字子雙，湖南華容人，終身爲學著述，著有《古微書》《賁園詩文稿》《禮含文嘉》等大量著作。

論解。偶檢其一段頗好，曰《三墳》以伏羲爲燧人之子矣。鄭玄《六藝論》，又謂遂皇之後，歷六紀九十一代，至伏羲。皇甫《世紀》云，女媧氏亦風姓，伏羲之妹也。譙周《古史考》，則云遂人次有三姓，乃至伏羲，伏羲次有三姓，乃至女媧。鄭玄以"大庭氏"爲神農之別號，而譙周以神農、炎帝非一人，自神農至炎帝，一百三十三姓。羅泌《路史》，至以爲軒轅之前，別有軒轅，而有巢之上，更一有巢。何上古之多茫冥也！夫以帝王至貴，而隱泯舀汩猶若此，而況於後世一介里巷修名者，其孰爲表而傳之，使聲施不朽哉？

見張爾公《四書大全辨》，大約好因史以証經，此其所長，而多翻朱注，非純正之書也。比之見《聖編》則較斂，然才又不如。内引陳幾亭，則稱"嘉善"，陳氏引譚梁生、顧麟士，則稱"或曰"。

《齊東野語》，係南宋周密字公謹所著，内有辨"復、覆、伏"三字音義一段，甚好。曰："復""覆""伏"三字，音義相出入，易於混亂，今各疏於左。"復"有三音，房六切者，"復歸"之"復"也，《字書》訓以"往來"，是也；《易》卦之"復"，《毛詩》"復古""復竟土"，《語》言"可復也""克己復禮"，皆是也。《易》注云"還"，《語》注"猶覆"，與《詩》爲"恢復"之"復"，其義一也。扶富切，"復又"之"復"也，《字書》訓以"又"，是也。《書》

"復歸於亳",《詩》"復會諸侯",《語》"復夢周公""則不復也",及"復見""復聞"之類,皆是也。芳六切,與"覆"同音者,"反復"之"復"也,《易·乾·象贊》"反復道也",《釋文》"芳六切,本亦作覆",是也。"覆"亦有三音,芳六切者,"反覆"之"覆"也,《字書》訓以"反",是也。《中庸》"傾者覆之",注"敗也",與《易》"反復道也"之"復",音同義異。敷救切者,"覆幬"之"覆"也,《字書》訓以"蓋",是也。扶又切者,伏兵也,《左傳》"君爲三覆以待之",是也。"伏"亦有二音,房六切者,"伏羲"之"伏"也,《字書》訓以"伺也,匿也,隱也",是也。"三伏"之"伏",及"伏羲""伏生""赤伏符",皆是也。扶富切者,鳥抱卵也,《莊子》"越雞不能伏鵠卵",及《後漢》"大丈夫當雄飛,安得雌伏",皆是也。《前·五行志》"元帝初年,中丞相府史家,雌雞伏子",顏云房富反,用字者不可以不辨焉。

王元美《望太湖》詩云:"青天不道向外生,白日如從此間没。"此二句雖是形容太湖之寥廓,然亦可見人之見識,易局於一隅,若不從太湖之外看,而只就太湖中看,則幾疑天日只在太湖邊上矣。

江陵答大同巡撫賈春宇曰:"俺答既死,彼中無主,爭王爭印,必有一番擾亂,在我惟當沉幾處靜,以俟其自定,有來控者,悉撫以好語,使人人皆以孟嘗君爲親己,然後視其勝者，因而與之，不宜強爲主持，致滋仇怨也。"此純是戰國機械，以程、朱處此當如何？曰：程、朱亦不強爲主持，但其來控，[①] 則以至誠告之曰："朝廷無成心，但爾衆共推服能效順者，當主之。"

妹婿陳耐庵，好學不倦，藏書甚富，余爲顔其堂曰"萬卷"。嘗曰："窮達天也，若不讀書，便不識義理，不識義理，何以爲人？"余首肯其言。

魏永叔禧《延陵書院記》云："漢唐之黨禍，君子與小人相攻也，至雒蜀之黨分，而君子與君子相攻矣。雒蜀之爭，是君子之講學，與君子之不講學者相攻也。至朱、陸之黨分，近日程、朱、陽明之説異，而君子之講學，與講學者相攻矣。爲學者各有所得力之處，要歸於聖賢之道而已。"又《蔡忠襄傳》云："姚江王文成公，以道學立事功，爲三百年一人，灑北宋以來儒者之恥。"於此二文，可窺其學。

孫北海《禹貢山水考》，其中考核，亦多可據，但每將他人之説，與己意夾持，間架不清。

汪苕文《鈍翁類稿》有云："古之君子，欲進則進，欲退則退，未有不浩然自得者也。今之君子，側身遲回於進退之際，恒皇皇焉不能自主，何也？非其人爲之，其時爲之也。古之君子，力耕以爲食，力蠶以爲衣，俯仰身世，無求而皆

---

① "但"，"陸子全書本"作"待"。

給，故當其不得志而退也，畢其生可以無悶。今之君子，仰無以養其親，俯無以育其妻子，飢寒之患，迫於肌膚，此其時與古異矣。雖不得志，其能遁世長往浩然於寂寞無人之地哉？吾以是知其難也。"讀此一段，不覺爲之慨然，不得不令人思許魯齋"治生爲急"一語。

《鈍翁類稿》内有《王西樵傳》，載其所作《僞詩傳論》，略云近世所傳子貢《詩傳》、申公《詩説》，皆僞也。明有鄞人豐道生，好撰僞書，自言其家有《魯詩世學》一書，傳自遠祖稷，實自撰也；又作《詩傳》，托之子貢，以爲張本。而所謂《世學》者，若相與發明，尋有妄人依旁《詩傳》，別撰《詩説》，其體類小序，其説與豐氏盡同，惟篇次小異。道生叙《詩傳》源流，又詭其所從出，云魏正始中，虞喜奉詔摹石，而宋王子韶開河得之。其説最支離，而同時諸公無覺之者，郭子章刻之於楚，李維楨爲序，亦不一致。疑惟道生同郡周應賓者，著《九經考異》，辨之特詳。然徵周氏，其僞亦灼然也。凡古書源流，存亡眞贋，《漢·藝文》，《隋·經籍》，降及鄭《通志》，馬《通考》諸書，可覆而按也。《漢書·儒林》叙諸家授受尤悉，並無一言及子貢《詩傳》者。考《虞喜傳》，亦無奉詔書石經事。獨申公爲《魯詩》，《漢志》"《魯故》二十五卷，《説》二十八卷"，《隋志》明言亡於西晉，安得至今猶存耶？此書本不足以欺後世，而姚氏《詩疑問》引《傳説》與序等，遂若《詩傳》果出子貢之手者。按西樵氏論，最有功於《詩》，汪載之集中，亦最有見。余向固疑之，然未知其出於豐坊也。

又云公伯寮親與七十子之列，而敢於毀季路。邢和叔本程門高弟，而遽誣宣仁以附紹述之説，比例固好，但寮雖《史記》列弟子中，而《家語》無之，未可定爲弟子也，即使果弟子矣。或在七十人之外，而未必在七十人之内。即使在内矣，而或在執贄以後叛其師友，或在執贄以前未聞聖教，皆不可知。古事遼遠，① 難以臆斷也。

讀《張文潛集》，喜其論漢曰：“文帝之所以裁絳侯者，乃所以深愛之。宣帝之所以寵霍光者，乃所以深害之。”論德宗曰：“德宗先討田悦，是先攻其堅，故天下亂。憲宗先平元濟，是先攻其易，故天下定。”又論魯仲連曰：“孔子請討陳恒，不可則止，仲連以布衣而出身救天下之患，此墨子摩頂放踵之學。”論吳起曰：“起從事於法，而不知權，此主少國疑，衆情未信時之所深忌，子産所以欲焚載書。”論商鞅曰：“善養生者，和其血氣，平其心志。有賤丈夫焉，不能忍歲月之勤，而急其效於耳目之前，於是服毒石餌惡草以激之，方其效也，剛壯勇力，倍於平時，然不過數年，而遺毒餘孽，潰裂四出，一旦皆作而不可制。”又喜其譏司馬遷之反覆，詳敘聶政、荊軻、竇嬰、灌夫之事。又論邴吉曰：“虜入雲中，

---

① “古”，“四庫全書本”無。

詔問丞相御史以虜所入郡，御史不能對，得譴責，而丞相能具知，見謂憂邊思職，夫吉之能知馭吏之力也。吉嘗曰：‘臣與御史等耳，臣之僕有先白臣，臣是以知之。’此其爲能，豈獨憂邊思職而已哉！吉脱宣帝於死，能絶口不道，獨貪一馭吏之功，殆必不然。傳曰：‘思則得之，不思則不得也，吉未之思與？’”論趙充國云：“武帝戰匈奴之強，而不能引匈奴於弱而後戰。唐太宗知頡利之方強，雖足以勝之，而未可以無患，故與之臨渭水而盟，其後李靖以孤軍，而功過於衞、霍之百戰，惟投其時故也。勾踐與范蠡謀吳，勾踐不能忍而欲發也數矣，蠡獨不可，至稻蟹之變，而遂起而不疑，此即充國之法也。”論李、郭曰：“李光弼治軍行兵，出郭子儀之右，而當時諸將，皆望風伏子儀。子儀能使吐蕃謂父，而史思明乃上書請誅光弼，大抵光弼之實，不及子儀之名。子儀安坐而有餘，光弼馳騁而不足。余嘗思其故，讀《史思明傳》，見光弼使烏承恩潛殺史思明事，而後知李、郭之優劣。蓋子儀之爲人，至誠不欺，主於忠信，其胸中洞然大人也，故靜則人安其德，動則人伏其義；光弼則市井之智，盜賊之謀，有時而用，此於伏人之道小矣。漢高偽游雲夢，雖能執韓信，而信之反心自此生矣。當此時，高才智士，亦有輕其君之心，故英布貫高之徒，繼踵而起，此非伏英雄之道也。”按，文潛之論李、郭最正，然其論治術，則引《老子》曰：“將欲翕之，必固張之；將欲取之，必固與之。”天之將寒也，不以霜雪爲之也，金石裂，土山焦者，所以爲今日之霰雪也；天之將暑也，不以蒸鬱爲之也，震風積雪者，所以爲今日之炎烈也，故聖人未有不尚乎術也。此則蘇氏之餘習。大抵聖人言術，必歸之道，蘇氏之徒，言道必歸之術。

卷十二

《性理》朱子論讀書法曰："書只貴讀，縱熟看過，心裏思量過，也不如讀，讀來讀去，少間曉不得底，自然曉得，已曉得者，越有滋味。某舊苦記文字不得，後來只是讀，今之記得者，皆讀之功也。"又曰："讀書之法，循序而漸進，熟讀而精思。"愚閱此，不覺爽然，向來正病在思之功多，而讀之功少，所以學問不能長進，何可不自勵。

張瑤山論做詩云："後生纔得科第，去學做詩，做詩何用？好是李杜，撇下許多好人不學，卻去學醉漢。"此等議論，大有益學者。

張江陵作《呂豫所諱調陽墓誌》云："公爲人，外溫而心辨，中毅而貌和，於事吶吶不輕爲可否，於人恂恂不苟爲異同。嘗曰大臣協心體國，苟利社稷，嫌怨共之，政本之地，斷斷而爭，如國體何？世儒嘮嘮，猥小曹參而卑丙吉，然則虞廷云'寅恭'者非耶？"按，江陵之贊呂公者如此，而其身則殊不然，蓋呂公之爲人，亦非中正之道也。讀其《辛未程策》，論治不主更張而主綜核。"綜核"二字，是江陵本領，乃惡更張，而遂病孟子之法先王，而取荀卿之法後王，則過矣。

閔威閟叔所作《韻法至論》，"縱有四聲，橫有七音"之說，似是而實非。謂在樂五聲二變爲七音，若喉舌唇齒之音，即止於七，亦與樂之七音，風馬牛不相及也。夫十二律者，聲之有定者也；宮商者，聲之無定者也，今以一字而高下之，則十二律殆幾乎遍。律尚不可定，而可定其爲宮商乎？且《玉篇》《韻會》及陳獻可，其分屬互有不同，其爲牽合無疑，此論實聞所未聞。又相與面論三十六字母，宜删者六，宜增者二十有八，合之得五十八母。《切韻指南》等書，不知聲之有母，非三十六字之可統也，故有音和類隔等門，展轉葛藤。又云邵子不用見"溪、群、疑"等母，而以他音一百五十二爲母。此是振古人豪之識，但聲音之數，則實無如是之多也。若獻可之韻，雖云本邵子，實不用邵子之法。又云從來韻譜，止爲詩賦限韻而設，原非審音而分韻。元尚聲律，而周氏之韻出，一蠶千古之訛，《洪武》因之。又云自唐以前之詩，必以律呂調之，而始可合樂，至詞曲起，則律呂即在詞曲之中矣。辛酉十一月，閱邵子書，知以律呂配聲音，亦是借説，非樂中之律呂。

《真西山集》有《葉安仁墓誌銘》云："葉名湜，字子是，建安人，爲安仁令，以循吏稱。子采。"末云："世遠道散，爲政者芻狗其人，鬼魅其俗，以爲非嚴法峻刑不能服，

而朝夕所治者，敲朴以聚財而已。其聞義利先後之説，鮮不
姍笑以爲迂闊，而君用之於治邑，不期年間，其效章灼若是，
然則古道不可行於今，斯民不可以理義化，其又果然與！”又
言君壯歲，游文公朱先生之門，得“以直養氣”之説，故其
爲人磊落明白，無所回隱。愚向讀葉采《近思録注》，不知
其人，觀此知采之學，有自來矣。

《西山集》史彌遠乞歸田里，補還服制，不允，詔曰：
“大臣之義，與衆庶不同，多事之時，視承平亦異，夫既任安
危之責，則當權輕重之宜。”其他賜彌遠詔尚多，皆極其贊
揚，至云“群材彙進，蔚有慶曆、元祐之風；公道砥平，浸
還乾道、淳熙之舊”。西山亦不幸而處此時哉。

嗣開叔祖言法不可輕變，所變之法雖善，而小民未必通
知，則胥吏反因以生奸，非數年之久，不能得其益。又言人
之奸弊，當預防之，不可使至於甚，至於甚而後治之，則所
傷實多。

宋崐友言：“我輩當隨處體認天理，亦當隨處培養
人材。”

閱崐友《謁劉青田祠詩跋》云：“向聞先生埋金以遺子
孫，凡有發掘處，相傳以爲美談。”余心疑之，誠如所云，則
管、華之不若矣，何以爲先生？及至括蒼，寓城東張賓朋家，
備問青田軼事，如埋金發掘，俱正統時巨寇鄭諫、胡陶得二
子孫所爲，假先生以欺世爾。愚按此爲青田表白，不可不知。

臨川四先生，止艾東鄉《天傭子集》中，有有用之文。

泊小貞借宿於蘆花庵，庵臨泖濱，僧心遺指庵前之泖云："此爲橫泖，其自泖塔一直上南者，爲長泖。二泖相並，其又南則爲圓泖，蓋即五舍泖也。""泖"字，在《篇海》《字彙》皆音"柳"，其字始見於陸機對晉武帝之言。愚因僧言，思所謂"三泖"者，乃陸機一時之言，以其傍九峰言之耳，若夫五舍泖之南有小泖，以及泖橋以南之泖，皆不在三泖之數也。又泖塔僧漢輪云："青浦北捍山有橫泖，爲三泖之一。在泖塔東北，泖橋以南者，爲長泖。"此説近之。

途中看車箱兩旁下，又釘一小橫木，中間鑿爲半月形，含軸，其中亦有於小橫木下，爲兩足以含軸者，此即《考工記》注所謂"伏兔"也。又疑車箱四旁木，皆謂之"軫"，如今蘆席四旁有邊者，亦謂之"軫"，當再考。

吕涇野《送黃廣東序》云："今之聽獄也，速判結以爲神，空圄圉以爲靜，過告訴以爲威，習左右以爲察，委屬吏以爲體，納請謁以爲通，久淹禁以爲慎，法是以不中，而民是以罔措。"此數語可爲炯戒。

涇野《浩齋詩叙》云："自孟子後，漢時董、汲、陳、郭諸賢，似能行而未盡明；隋、唐時王、韓、陸、李諸賢，似能明而未必行；趙宋周、張、二程、馬、邵諸賢，似能明且行矣，而未至。"此數語説得好。又《送汪希周序》云："凡官省下者，率知獲上，而不知治下；知勤簿書，而不知勤農桑；知信吏胥，而不信閭閻；知奔走司院，而不知行阡陌。官是以日遷，而民是以日敝。”此數語形容俗吏最精。

涇野又有云：“學士君子者，將以治國平天下者也，當其未仕之先，所宜急者，莫有過於身家，身家理而國天下不難矣。然而學士君子，往往舍其本源，巧藝以謀進，多術以干顯，後雖有國天下之責，莫從而理也。”此一段最中學者之病。

驗祭品中，有黍、稷、稻、粱、粳五種，粱係高粱，稻乃南方之粳米，粳乃南方之糯米，黍、稷同一種，但黍黏而稷不黏。獨不用小米，吏云：“前任丁去之。”想必因祀典上，止有黍、稷、稻、粱，然予疑今北方所謂小米，乃是稷。所謂稷，乃是黍之不黏者耳，故《府志》云“土人謂飯黍爲稷”，存之以俟知者。其以糯米爲粳，此必是吏之偶誤。

馬夫以穀數種來看，其所謂“穀子”者，有紅、黑、白三種，黑者粘；其所謂“黍子”者，有紅、白二種，皆粘；而指庭中所產似黍者，則謂之“稷子”。又有一種，其穗似狗尾草者，則謂之“粱穀”，其種最貴，蓋是“粟”之別種。

行鄉飲酒禮，思古禮舉觶在賓主獻酢之後，[1] 今在賓主獻酢之前，[2] 恐未是。又思今之用湯，即古太羹之意；用茶，

___

[1]　“思古禮”，“四庫全書本”無。
[2]　“賓主獻酢之”，“四庫全書本”無。

即古元酒之意。

湯潛庵《黜淫祠疏》，當與《會典·祭厲文》同看，一是不侮鰥寡，一是不畏強禦，君子之待幽明一个理。

《群芳譜》係新城王象晉所輯，亦不爲無用，然考草木而不甚引《爾雅》及漢唐注疏，覺少源委。如指飯黍爲稷，及將《鄭風》之“茶”，與《邶風》之“茶”看作一物，皆是疏處。

閱《呻吟語》問治人之道曰“無忿疾於頑囂”，思頑是最可忿疾者，千態萬狀，他反要來愚我謗我，我涵養稍不足，忿疾便生。

一友作《生日詩》云：“鐵漢有身經百煉，金人無口學三緘。”二語最好，然未易言，不善煉者，只煉得世情，不曾煉得道義；不善緘者，只緘得當言的，不曾緘得不當言的。

看《夜行燭》，思此書篇名多淺俗，蓋必月川先生因其父之所問以名篇，可見納約自牖之意，而月川先生一團誠意，如春氣之隨處充滿，有隙便入，亦可想見小學是古方，《夜行燭》是因病加減之方。

《戰國策》一書，只應列在諸子，算不得史。

朱子諸封事人，但見其一味正直，然其中仍有一段忠厚和平之意在，所以後來雖危，而不至於嬰禍。

閱《潛確類書》，見其載漳沱河、滋河，絕無源委，真是無頭學問。又太史公《律書》言“卯之爲言茂也”，此書乃引之以証"三泖"之"泖"，尤誤。按，"泖"字疑本作"卯"，因在正東而言，晋人疑此爲東江，非無謂也。後人於"卯"旁加水耳，蓋三江婁淞，皆在東北，惟此在正東。

《本草》載陶弘景云"佛書稱乳成酪，酪成酥，酥成醍醐"，可以悟學問已精益精之境。

陳端伯言劉誠意未嘗讲風水，皆世俗附會。

唐夢賚言青城童子八歲能知未來事，未幾，童子病，病愈不復能有所知，一鈍人耳。

邵子昆言，有人生而能言其前生事，余因憶《樗林隨筆》中有一條言人生而能知其前生，後不復記憶者，是有物憑焉。此最足破愚俗。

范浚，蘭溪人，即作《心箴》者，今有《香溪集》尚存。

向疑《通鑑》纂本載潘氏《總論》，不知其爲何人，今見《婺源志·文苑》内有之，字伯誠，但《鑑》上多稱陽節潘氏，《志》則稱節齋。

錢塞庵名士升。少受業於顧涇陽，嘗手輯涇陽十書，其居喪最盡禮，以《家禮》所載，與朱子平昔議論多異同，作《家禮考証》一編，二書惜未得見。

偶閲《大學衍義補》"曆象法"二卷，見丘瓊山取《詩·十月之交》注，而不取《尭典》"天與日月皆左旋"之注，蓋瓊山亦未知二説之一也。

姚培謙跋^①

　　謙昔受婚當湖陸氏，嘗訪三魚先生遺著，自行世各種外，未之見也。年來往返泖上，信宿先生宅相陳君簡庭“萬卷堂”中，得見《日抄》一册，係簡庭暇日手録。州居部次，俾先生未成之書，秩然就理，兹以付諸剞劂。謙私淑有懷，因書數語於卷尾。以志景仰云。乾隆癸亥仲春，華亭後學姚培謙。

---

　　① 題名爲校者後添加。

陳寶麟跋^①

先舅祖陸清獻公《賸言》一書，先君子刻於家塾，年未久遠而收藏不謹，版多漶漫，麟恐先君子訂正苦心，從此湮沒，因重加修補行世。至是書卷帙無多，而微言大義，燦若日星，自宜爲海内所共寶，麟也不敏，何敢贊一詞。乾隆十五年秋七月望日，甥孫陳寶麟謹識。

---

① 題名爲校者後添加。

《四庫全書總目·三魚堂賸言》 提要①

　　臣等謹案：《三魚堂賸言》十二卷，國朝陸隴其撰，本名“日抄”，皆平時札記之文，未分門目。其甥金山陳濟排次成編，雖亦不立標題，而推求其例，則一卷至四卷皆說五經，五卷六卷皆說四書，而附《太極圖說》《近思錄》、小學數條，七卷八卷皆說諸儒得失，九卷至十二卷皆說子史，而亦間論雜事。昔朱子博極群書，於古今之事一一窮究其原委，而別白其是非，故凡所考論，悉有根據，不爲懸揣臆斷之談。隴其傳朱子之學，爲國朝醇儒第一，是書乃其緒餘，而於名物訓詁典章度數一一精核乃如此。凡漢注唐疏，爲講學諸家所不道者，亦皆研思探索，多所取裁，可知一代通儒其持論具有本末，必不空言誠敬，屏棄詩書自謂得聖賢之心法。其於朱、陸異同，非不委曲詳明，剖析疑似，而詞氣和平，使人自領，亦未嘗堅分壁壘，以詬厲相爭。蓋諸儒所得者淺，故爭其名而不足；隴其所得者深，故務其實而有餘。觀於是編，可以見其造詣矣。乾隆四十三年七月恭校上，總纂官紀昀、陸錫熊、孫士毅，總校官陸費墀。

---

① 題名爲校者後添加，據《四庫全書總目提要》補。